# ZONES MONETAIRES
# ET DEVELOPPEMENT ECONOMIQUE
# EN AFRIQUE

Sandavoy Adamoh Djelhi - Yahot

# ZONES MONETAIRES ET DEVELOPPEMENT ECONOMIQUE EN AFRIQUE

L'Harmattan

**5-7, rue de l'École-Polytechnique ; 75005 Paris**

www.editions-harmattan.fr

ISBN : 978-2-343-18341-1
EAN : 9782343183411

En mémoire de mon père Sandavoy Djelhi Yahot

En mémoire de ma mère Bédou Ahou

En mémoire de mon frère aîné Aplê N'zi

A ma femme Marie Claude

A mes enfants : Jean Claude, Raymond, William Roland, Josiane Beynian, Linda Besséli, Marie Andréa Mawou, Jean-Christ

A mes petits-enfants : Cloe, Elsa, Adam-Daniel, Lillian, Benian, Eden

A ma famille africaine élargie, frère, sœur, oncles, tantes, neveux, nièces, cousins, cousines, de Bouaké et de M'Bahiakro, trop nombreux pour être cités nommément

En mémoire de tous ceux qui sont morts pour la défense de l'Afrique

A tous ceux qui sont emprisonnés ou traqués, pour leurs idées, à travers le monde

A tous les enfants d'Afrique à qui la mauvaise gouvernance inflige des souffrances gratuites

A tous ceux qui m'ont aidé une fois dans la vie.

*La monnaie est une chose trop importante pour être laissée aux mains des seuls banquiers centraux.*

**Milton Friedman**

*L'une des plus grandes erreurs possibles est de juger une politique ou des programmes économiques sur leurs intentions et non sur leurs résultats.*

**Milton Friedman**

*Seuls les médiocres ne reconnaissent pas le mérite des autres.*

**S.A. Djelhi – Yahot**

On aiguise davantage son propre talent quand on compétit avec les meilleurs

**S.A. Djelhi - Yahot**

# SOMMAIRE

# GLOSSAIRE

| | |
|---|---|
| AFD | : Agence Française de Développement |
| BCEAO | : Banque Centrale des Etats de l'Afrique de l'Ouest |
| BCE | : Banque Centrale Européenne |
| BEAC | : Banque Centrale des Etats de l'Afrique Centrale |
| BIRD | : Banque Internationale pour la Reconstruction et le Développement |
| CFA | : Communauté Financière Africaine |
| CEMAC | : Communauté Economique et Monétaire de l'Afrique Centrale |
| CEDEAO | : Communauté Economique des Etats de l'Afrique de l'Ouest |
| CMA | : Common Monetary Area |
| CNUCED | : Conférence des Nations -Unies pour le Commerce et le Développement |
| COMESA | : Common Market of East and South Africa |
| EAC | : East African Community |
| ECB | : European Central Bank |
| FED | : Federal Reserve, la banque centrale des Etats-Unis d'Amérique |
| FMI | : Fonds Monétaire International |
| Franc CFA | : Franc de la Communauté Financière Africaine |
| G 5 SAHEL | : Dispositif militaire africain chargé de lutter contre le terrorisme dans les pays du Sahel qui a été créé en 2017 par les pays du Sahel |

| | |
|---|---|
| G20 | : 19 pays plus l'Union Européenne, créé en 1999, représentant 80% du commerce mondial et 90% du PIB mondial : Afrique du Sud, Allemagne, Arabie Saoudite, Argentine, Australie, Brésil, Canada, Chine, Corée du Sud, Etats-Unis, France, Inde, Indonésie, Italie, Japon, Mexique, Royaume-Uni, Russie, Turquie et Union Européenne. |
| G10 | : Groupe informel de 10 pays, créé en 1961 sur les accords généraux d'emprunts du FMI : Allemagne, Belgique, Canada, Etats-Unis, France, Italie, Japon, pays Bas, Royaume-Uni, Suède et Suisse. |
| OCDE | : Organisation de Coopération et de Développement Economiques |
| PAS | : Programme d'Ajustement Structurel |
| SADC | : South African Dévelopment Community |
| UEMOA | : Union Economique et Monétaire de l'Afrique de l'Ouest |
| UA | : Union Africaine |
| UE | : Union Européenne |
| UMA | : Union du Maghreb Arabe |
| ZLECA | : Zone de Libre-Echange Continentale Africaine |
| ZMA | : Zone Monétaire Africaine |
| ZME | : Zone Monétaire Efficiente |
| ZMO | : Zone Monétaire Optimale |
| ZMAO | : Zone Monétaire de l'Afrique de l'Ouest |

# AVANT-PROPOS

Ecrire un livre d'économie, sur un sujet d'intérêt général comme le processus de développement économique en Afrique, est une tâche délicate qui vous place devant un dilemme : comment le rendre accessible aux profanes sans porter atteinte à sa valeur scientifique ?

Je m'y suis essayé dans ce livre. Je ne sais pas si j'y suis parvenu. Néanmoins, j'ai tenté, autant que possible, d'expliquer simplement certains mécanismes et concepts économiques ; j'ai essayé de « désacraliser » la rationalité économique sans trop écorcher le jargon économique pour ne pas attirer un jugement trop sévère – voire la colère- des collègues économistes, très jaloux du langage technique hermétique de leur « Science Economique ».

Que les uns et les autres me pardonnent de ne m'être pas fait comprendre suffisamment ou d'être allé trop loin dans la simplification des explications, mécanismes et concepts économiques.

Toutefois, il m'a été impossible de me passer totalement du langage économique. Mais, point n'est besoin d'être grand spécialiste pour s'intéresser aux débats sur les problèmes de développement économique de son pays. On les vit tous les jours. Différemment que le voisin, mais on les vit indubitablement. C'est pourquoi, face aux récentes attaques répétées, sans véritable fondement scientifique, contre le franc CFA, naguère monnaie commune de l'union monétaire, UEMOA en Afrique de l'Ouest, mais circulant toujours aux Comores et dans les pays de la CEMAC en Afrique centrale, ce livre interpelle chaque africain, qu'il soit spécialiste ou non, qu'il soit décideur public, apprenant ou humble citoyen, et l'invite à méditer sur le comportement – ô combien rationnel - du modeste bagagiste, dans les aéroports africains d'Accra, Conakry, Freetown, Lagos, Monrovia etc., qui préférait percevoir son pourboire en franc CFA (de l'Afrique de l'Ouest) et non en monnaies internationales comme le dollar, l'euro, le yen. Car, contrairement aux intellectuels polémistes, souvent dans des postures idéologiques ou politiques, lui, « humble citoyen, ne porte pas de jugement de valeur, mais vit la réalité économique comme le businessman et l'apprécie sans a priori » (Djelhi-Yahot, 2016). Il ne comprend, sans doute, pas autant l'économie que l'intellectuel africain. Il la vit, la sent et ne triche pas. Il ne peut donc se tromper sur les externalités des décisions et faits économiques. Il les apprécie à leur juste valeur.

La théorie étant l'interprétation scientifique de la réalité, la réaction du bagagiste africain reflétait parfaitement la rationalité économique et traduisait bien la vérité scientifique que le franc CFA était ( en Afrique de l'Ouest) et est une monnaie forte ( en Afrique centrale), qu'une monnaie africaine, surtout, peut-être une devise forte - peu importe son appellation - pourvu qu'elle remplisse plus ou moins correctement ses fonctions d'intermédiaire des échanges, d'unité de compte et de réserve de valeur dans un environnement propice à l'efficacité monétaire. Or, la formation de zones monétaires régionales africaines et de la zone monétaire continentale, la ZMA, offre cette opportunité et est économiquement rationnelle et globalement bénéfique à l'Afrique.

Il est donc urgent que les économistes africains maintiennent la vigueur scientifique dans leur analyse sur l'Afrique et que les leaders politiques internalisent l'économique en se référant aux vrais sachants, car, on leur rabâche, souvent, des théories économiques fragiles - voire erronées - dont l'application donne des résultats souvent désastreux en Afrique.

# INTRODUCTION

Le vieux débat sur les zones monétaires optimales a regagné de l'intérêt, depuis la création de l'Union Européenne, après la longue période de vifs débats des années 1960 et les nombreuses années d'oubli académique. L'Afrique n'est pas demeurée à l'écart de ce regain d'intérêt avec l'expérimentation en Afrique de l'Ouest et Centrale de la zone du franc CFA et des unions monétaires et espaces économiques qui s'y sont formés : Union Economique et Monétaire Ouest Africaine ( UEMOA), Communauté Economique et Monétaire de l'Afrique Centrale (CEMAC), Zone Monétaire de l'Afrique de l'Ouest (ZMAO), Communauté de l'Afrique de l'Est ( EAC , Est African Community), Marché Commun de l'Afrique de l'Est et Australe (COMESA, Common Market of East and South Africa), Communauté de Développement de l'Afrique Australe(SADC, South African Development Community ), Union du Maghreb Arabe( UMA) et le traité d'Abuja de 1991 qui a envisagé la création d'une zone monétaire à l'horizon 2021( ayant, évidemment, une Banque Centrale unique, une monnaie unique et une politique monétaire communautaire) pour toute l'Afrique. Dans cette mouvance générale, il est question de former des zones monétaires régionales et / ou de renforcer la coopération monétaire entre elles, pour aboutir à la zone monétaire continentale dont la première étape, la zone de libre- échange, a été créée, le 21 Mars 2018, à Kigali(Rwanda).

En Afrique de l'Ouest, il était prévu depuis longtemps (en 1987), de former une zone monétaire couvrant l'espace économique CEDEAO (en 2003) au sein duquel les membres de l'UEMOA partageaient déjà une monnaie commune, le franc CFA. Dans cette optique, et bien plus tard, les pays membres avaient adopté, le 29 juin 2019, à Abidjan, l'Eco, comme monnaie commune. Comme hier, on s'interroge aujourd'hui, en particulier, sur le processus d'intégration monétaire pour l'ensemble des pays membres de la CEDEAO et son efficacité.

A l'occasion de l'assemblée générale d'Afreximbank, à Kigali en juin 2017, l'ancien président du Nigeria, le général Olusegun Obasanjo, invité d'honneur (keynote speaker), avait déclaré que « L'UEMOA constitue un obstacle à la réalisation de la monnaie commune de la CEDEAO ».

Le président Obasanjo qui n'est pas un économiste - et qui ne comprend donc pas bien les mécanismes monétaires – avait plutôt fait là, une déclaration politique sur un terrain et un sujet purement économiques qu'il maitrise mal. Du point de vue de la rationalité économique, c'est exactement l'inverse de l'assertion qui prévaut (nous verrons pourquoi). Cette erreur d'appréciation, de la part d'un homme politique, témoigne de la confusion généralisée sur les questions monétaires, entretenue dans les milieux des décideurs et hommes politiques africains - et savamment orchestrée par des économistes africains et non africains - qui retarde davantage l'Afrique sur le chemin du développement économique.

L'Union Economique et Monétaire Ouest Africaine (UEMOA), le prolongement de l'Union Monétaire Ouest Africaine (UMOA créée en 1962), est une union monétaire formée en 1994. Comme l'UMOA, elle avait hérité d'une monnaie commune créée, à l'époque coloniale (en 1939 et déclarée au FMI en 1946) par la France, pour ses colonies ; elle avait donc existé bien avant la création, en 1975, de la CEDEAO, une communauté économique regroupant 15 pays africains sans monnaie commune, c'est-à-dire une étape antérieure dans le processus d'intégration (Bela Balassa, 1965,1989) vers l'union monétaire, le stade suprême qui consacre le partage de la monnaie commune.

Or, le partage de la monnaie commune dans le cadre d'une union monétaire est basé sur une rationalité économique qui trouve ses fondements dans la théorie de la zone monétaire optimale dont la première formulation fut l'œuvre de l'économiste canadien Robert Mundell (1961).

D'autres économistes dont Ronald McKinnon (1963), Friedman(1968),Kenen(1969), Johnson(1969), Ishiyama(1975), Barro et Gordon(1983), McCallum ( 1993 ), Frankel et Rose (1998, 2002), Skudenly (2003), Engel et Rogers(2004), De Grauwe et Mongelli (2005) etc. ont critiqué, amélioré ou élargi le concept. Grosso modo, tous ont conclu - sous contrainte de critères à respecter - qu'il y a réciprocité d'intérêts pour un pays à rejoindre une zone monétaire ou à en former avec d'autres pays.

En raisonnant ex-post, la réalisation de la zone monétaire optimale est l'aboutissement d'un processus logique d'intégration par les marchés ( Bela Balassa, 1965, 1989),par opposition à l'intégration par la production et comportant différentes étapes : zone de libre - échange, union douanière, marché commun, union économique et union économique et monétaire. Dans ces conditions, dire que l'UEMOA ( au stade ultime du processus d'intégration monétaire) constitue un frein à la création de la monnaie commune CEDEAO, c'est-à-dire à la création de la zone monétaire couvrant les pays de la CEDEAO (dont certains membres et elle-même se trouvent à un stade antérieur), c'est mettre la charrue avant les bœufs ou raisonner à reculons dans le processus d'intégration monétaire de la sous-région, puisque l'aspiration légitime pour les peuples africains, consiste à progresser sur le chemin du développement économique dans un univers globalisé. Il aurait été donc plus rationnel économiquement, d'intégrer dans l'UEMOA, les autres pays de la CEDEAO, non - membres de cette union, qui formaient depuis 2000, la Zone Monétaire de l'Afrique de l'Ouest(ZMAO), un regroupement de pays utilisant leurs monnaies nationales, donc sans monnaie commune. D'ailleurs, certains économistes (André Nyembwe Musungaie, 2010 ; Alagidede et al, 2008) imputent la lenteur observée dans la création de la zone monétaire CEDEAO - programmée en 1987 pour être initialement réalisée en 2003 - aux difficultés que les pays de la ZMAO éprouvaient à respecter les critères de convergence macroéconomiques existant déjà au sein de l'UEMOA. De plus, les pays producteurs de pétrole (Nigéria surtout), membres de la ZMAO, rechignaient face à la gestion commune (en pool) des réserves extérieures qu'imposerait le fonctionnement de la zone monétaire CEDEAO. Comme on peut le présumer, c'est plutôt du côté de la ZMAO que se trouvait le frein, et non l'inverse.

L'adoption de l'Eco, la monnaie commune de la CEDEAO, en juin 2019, montre bien que, finalement, les blocages d'ordre politique ont été levés. Mais, cela ne suffit pas si l'on ne prend pas soin de bien comprendre la monnaie pour pouvoir la gérer de façon optimale au service des populations africaines.

L'objet de ce livre est de tenter de clarifier davantage les questions monétaires, particulièrement, celles relatives à la création de zones monétaires optimales et de montrer leur impact, à la fois, positif sur les politiques monétaires communautaires, et significatif sur le développement économique en Afrique. Dans cette optique, il comprend deux parties : la première partie traite de la théorie économique qui sous – tend le bienfondé de la création des zones monétaires optimales, présente les zones monétaires et les espaces économiques hors zones monétaires en Afrique et leurs gains, tout en mettant en exergue , la zone monétaire CEDEAO en constitution et la future Zone Monétaire Africaine ( ZMA),en raison de leur caractère hybride - parce que composées de zones de libre - échange, de marchés communs, de zones monétaires - et propose une nouvelle approche de la zone monétaire ; la seconde partie définit les concepts du développement et du développement économique, passe en revue les différents modèles et théories du développement économique et démontre l'impact positif réel ou potentiel des zones monétaires passées (UEMOA), existantes( CEMAC ) ou futures (CEDEAO , ZMA) sur le développement économique de l'Afrique.

# PARTIE PREMIERE

# LA THEORIE DE LA ZONE MONETAIRE OPTIMALE, EXPERIENCES EN AFRIQUE ET NOUVELLE APPROCHE

# CHAPITRE PREMIER :

# LA THEORIE DE LA ZONE MONETAIRE OPTIMALE

La théorie de la zone monétaire optimale (ZMO), formulée pour la première fois par Robert Mundell (1961), détermine les critères ainsi que les coûts et les avantages, pour un ensemble de pays, à adopter une monnaie commune. Ainsi une zone monétaire peut regrouper plusieurs pays ou deux régions d'un même pays. L'adoption d'une monnaie unique par plusieurs pays implique la renonciation à leur propre politique monétaire, donc à leur souveraineté monétaire. En le faisant, ils renoncent à un instrument fondamental de régulation des chocs asymétriques. Or, la politique monétaire permet de réguler la valeur de la monnaie en agissant sur le taux de change par rapport aux autres monnaies étrangères. Partant, la théorie de la zone monétaire optimale définit les conditions permettant de contrebalancer les effets négatifs de la pratique du taux de change flexible par les gains économiques procurés par la politique monétaire commune aux pays - membres.

La théorie de la ZMO a connu de l'évolution, grâce à des contributions importantes d'autres économistes. Dans ce chapitre, nous abordons successivement le courant de pensée précurseur, la première formulation et les autres contributions depuis l'origine, avant d'introduire un nouveau critère.

## I. LES PRÉCURSEURS

La théorie de la ZMO prend ses racines dans les premiers débats sur le choix entre taux de change fixe et taux de change flexible. En effet, Les premiers questionnements sur la régulation par le taux de change ont été formulés bien avant la théorie de la zone monétaire optimale, en dehors du débat sur l'étalon-or adopté par les institutions de Breton Woods ayant alimenté la controverse entre partisans du système de change fixe et ceux favorables au système de change flexible. La contradiction entre plein-emploi et taux de change était déjà relevé par Frank Graham (1930) et George Halm (1945).

Au cours de la période allant de la fin des années 1940 au début des années 1950, Lerner (1947), Meade (1951), Friedman (1953), et Scitovsky (1958) avaient anticipé sur l'idée de base de l'analyse de la zone monétaire optimale en analysant l'efficacité de l'ajustement inter-régional dans les pays. En effet, ils avaient souligné le rôle fondamental joué, en termes d'ajustement économique, d'une part, par une seule et unique autorité monétaire et une unique autorité fiscale, et d'autre part, « par la libre circulation des biens et facteurs de production » (cf. Césarano, 2006) entre des régions. Ces auteurs soutenaient, à cette époque, que le mécanisme d'ajustement classique serait efficace en absence de variation de taux de change entre différentes devises. Autrement dit, la libre circulation du capital, de la force de travail et des biens et services et la pratique d'une politique monétaire commune annuleraient le besoin d'une variation de change. Et l'extension logique de pareil raisonnement, comme le souligne Harris Dellas (2009), « c'est de dire que l'existence d'une seule et unique monnaie serait optimale pour l'ensemble de l'économie ».

Au contraire de ces auteurs, Mundell (1961) explique que les conditions nécessaires (mobilité des facteurs de production) au fonctionnement correct du mécanisme d'ajustement classique sont inopérantes (inefficaces) à la fois à l'intérieur d'un pays et entre pays. Et il pense qu'une redéfinition des frontières nationales rendrait optimale le fonctionnement de ce mécanisme d'ajustement classique.

La plaidoirie de Friedman pour un taux de change flottant est basée sur trois arguments : à la lumière de la rigidité des prix et des salaires caractérisant l'économie réelle, un système de change flexible permet aux forces du marché d'équilibrer la balance extérieure tout en évitant les crises de balance des paiements que Friedman considère comme inhérentes aux taux de change fixes, mais ajustables ; deuxièmement, les taux de change flottants permettraient une politique monétaire indépendante «qui protégerait chaque pays contre les erreurs monétaires des autres » ( Friedman, 1953). Enfin, un système de taux de change flexible conduirait à lever le contrôle sur la circulation des biens et des capitaux entre pays, favorisant ainsi le commerce international. En plus de ces travaux précurseurs à la théorie de la zone monétaire optimale, évoqués ci-dessus, Friedman a anticipé sur le développement de la théorie dans d'autres domaines de l'économie monétaire internationale, précisément en ce qui concerne les concepts de « exchange rate overshooting » et de « corner –solution hypothesis ».

En effet, même si Rudiger Dornbusch (1976) est largement considéré comme l'auteur du concept de « exchange rate overshooting », un modèle dans lequel, avec des prix rigides dans le court terme, le taux de change fixe, initialement réagit plus qu'il ne n'aurait fait s'il avait été flexible. A long terme, le prix des biens réagirait de sorte que l'effet overshooting du taux de change serait dissipé. Friedman (1968) ne dit pas autre chose, quand il écrit : « It is clear that the initial exchange rates will be greater than the ultimate change required, for, to begin with, all the adjustment will have to be borne in the direction in which prompt adjustments will take place over part of the burden, permitting exchange rates to rebound toward a final position which is between the position prior to the external change and the position shortly thereafter ».

De même, si Eichengreen (1994) peut être cité comme l'auteur de la notion de « corner-solution hypothesis » qui sous-tend l'idée que, dans un univers de forte mobilité de capital, les régimes de change intermédiaires sont vulnérables aux attaques spéculatives de sorte que les seules options viables se trouvent dans les « corner –solution hypothèses, c'est-à-dire dans deux des trois régimes de » :

— adjustable pegs : taux de change fixe ajustable (temporairement fixe) ;

— floating pegs : taux de change flottants ;

— hard pegs : taux de change fortement rigide.

Ainsi il explique que, contrairement aux deux derniers régimes, le « ajustable pegs » encourage la spéculation parce que le taux de change étant modifié rarement et seulement pour faire face à des difficultés, un changement tend bien à venir modifier l'apparition de difficultés majeures, pour être reporté autant que possible et se réaliser seulement après qu'une forte pression sur le taux de change a été accumulée.

## II. La théorie de la zone monétaire optimale

La théorie de la zone monétaire optimale est fondée sur un ensemble de critères qui sont des facteurs déterminants de la formation d'une union monétaire et sur les bénéfices nets (bénéfices moins coûts) que l'union procure à ses Etats- membres.

Mundell(1961), Fleming(1961), Ingram(1962), McKinnon(1963) et Kenen (1969) ont élaboré les premiers critères (que nous appelons ici traditionnels) qui seront, par la suite, complétés par beaucoup d'autres économistes.

### 2.1. Les critères traditionnels

#### *2.1.1. Mobilité des facteurs et flexibilité des salaires et des prix*

Mundell (1961) a d'abord cherché à démontrer que les caractéristiques d'une économie devront être les déterminants de son régime de taux de change. Ainsi il a identifié les conditions qui, si elles étaient satisfaites, réduiraient la probabilité de l'existence de taux de change flexibles. A l'inverse, il a démontré que, sous certaines conditions, l'existence de monnaies distinctes et d'ajustement de taux de change seraient inefficaces.

Il aborde alors le problème des zones monétaires optimales en termes de détermination du domaine géographique - opposé au territoire national - où l'objectif d'équilibre, représenté par une faible inflation, le plein – emploi et l'équilibre externe (balance des paiements soutenable) pourrait être facilement acquis.

Mundell (1961) prend l'exemple de deux pays A et B - chacun ayant sa propre banque centrale - qui forment une union monétaire par l'adoption d'un taux de change fixe entre leurs monnaies. Puis, l'auteur fait quatre hypothèses :

— A produit seulement des automobiles et B produit du bois (pour charpente) ;

— absence de mouvement de capitaux entre les deux pays A et B, étant entendu que leur commerce bilatéral est équilibré et qu'ils sont en situation de plein-emploi ;

— les prix et les salaires sont rigides dans les deux pays ;

— le pays A connait une augmentation en productivité conduisant à un excès de demande pour les produits du pays B et un excès d'offre de produits (voitures) pour le pays A.

L'impact immédiat d'un choc en matière de productivité crée du chômage dans le pays A et l'inflation dans le pays B, un déficit commercial dans le pays A et un excédent commercial dans le pays B. Alors Mundell propose trois critères pour apprécier l'optimalité :

— la mobilité du facteur travail qui corrige le déséquilibre en évitant le besoin d'ajustement du taux de change nominal ;

— la flexibilité de salaires dans les deux pays de sorte que l'accroissement de la demande, dans le pays B, y augmenterait les salaires, conduisant à une baisse de l'offre globale des biens et services et à une hausse des prix tandis que la baisse de la demande dans le pays A y réduirait les salaires, provoquant un accroissement de l'offre globale de biens et services et une baisse du niveau général des prix dans ce pays. Dans leurs transactions, les agents économiques achèteront moins de produits dans le pays B et plus de produits dans le pays A, restaurant ainsi l'équilibre ;

— en absence de mobilité du facteur travail et/ou de flexibilité de prix et de salaires, il existe l'argumentation d'efficacité en faveur de la flexibilité du taux de change nominal et de la politique monétaire distincte entre les deux pays A et B.

Il faut signaler également que, du point de vue microéconomique, Mundell (1969, 1997) a donné des explications et identifié d'autres facteurs qui sous-tendent les zones monétaires relativement larges :

— l'efficacité de la monnaie dans ses fonctions de moyen d'échange et d'unité de compte qui diminuent quand le nombre de monnaie en circulation augmente sous le régime de change flexible ;

— les coûts de transactions et d'informations monétaires qui augmentent avec l'existence d'un plus grand nombre de monnaies ;

— un grand nombre de petites zones monétaires pourrait conduire à un faible marché de change étranger, facilitant ainsi la tâche aux spéculateurs d'impacter les prix du marché, c'est-à-dire le taux de change, rendant par la même occasion, la politique monétaire plus difficile à conduire ;

— le cas de taux de change flexible qui dépend de l'existence ou non d'union monétaire, « ce qui suppose que l'hypothèse de taux de change flexible implique que les agents économiques dans l'économie donnée accepteraient des variations de leurs revenus réels, à travers une variation du taux de change, mais ne seraient pas prêts à accepter des modifications de leurs revenus réels à travers des ajustements de leur taux de salaire nominal par la variation du niveau des prix » ;

— quand une zone monétaire s'élargit moins et s'ouvre davantage au commerce, l'hypothèse d'illusion monétaire devient de plus en plus fragile puisque la part des importations dans le total de la consommation augmente.

### *2.1.2. L'intégration financière*

Pour Ingram (1962), dans une zone monétaire, l'intégration financière peut permettre d'éviter l'usage de l'instrument de change, puisque les perturbations pourront être amorties par des afflux de capitaux sous forme d'emprunts auprès des zones de surplus ou par la vente d'actifs étrangers nets. A cet effet, il explique que dans le cas d'une forte intégration financière, de faibles variations de taux d'intérêt pourront parfaitement équilibrer les mouvements de capitaux.

### *2.1.3. Le degré d'ouverture*

L'idée de l''ouverture sur l'extérieur comme critère d'optimalité a été développée par McKinnon (1963). Par l'introduction du ratio entre biens échangeables et biens non échangeables, dans l'économie, McKinnon (1963) indique que seuls les premiers sont affectés par les niveaux d'importation ou d'exportations alors que les prix des biens non échangeables dépendent de la monnaie nationale, introduisant par la même occasion, le degré d'ouverture comme critère d'optimalité pour la zone monétaire. Or, quand le ratio est élevé dans une économie ouverte, toute modification du taux de change entraine une modification pratiquement équivalente du prix des produits importés ou exportés, ce qui tend à se répercuter sur tous les prix.

En effet, McKinnon (1963) explique que si le taux de change dans une économie relativement ouverte change en réaction à une perturbation quelconque (choc), l'indice général des prix, comprenant les prix des biens échangeables et non échangeables, aura tendance à varier davantage que dans une économie relativement fermée, provoquant ainsi « une réduction de la fonction de liquidité (unité de compte et réserve de valeur) de la monnaie ». A cet égard, reprenons l'exemple donné par Harris Dellas et George Tavlas (2009) qui permet de mieux comprendre l'idée : « Suppose that an economy experiences a negative terms - of - trade shoc so that its nominal exchange rate depreciates. If the authorities of the economy in question aim to stabilize the general price level, the depreciation of the exchange rate and the resulting rise in the price of tradable goods require contraction in domestic demand to push down the price of non-tradable goods. Other things being equal, the more open an economy, the larger share of tradable goods in output, the larger the required contraction. "

McKinnon (1963) pense aussi que les fluctuations du taux de change dans une économie relativement ouverte provoquent les mêmes variations de coûts, empêchant du coup le taux de change de jouer efficacement son rôle correctif.

De ses analyses ci-avant rapportées, McKinnon tire trois conclusions : la première, c'est que « les pays relativement ouverts doivent adopter un taux de change fixe ; la seconde conclusion est qu'il est bénéfique pour une économie qui commerce de façon extensive, avec une autre économie, de former une zone monétaire avec cette dernière, pour se protéger contre les effets négatifs de variation des taux de change ; la troisième conclusion, c'est que les grandes ou petites zones géographiques ont tendance à être relativement ouvertes ou fermées de sorte que la taille de la zone peut être un facteur déterminant de leur régime de taux de change ».

### *2.1.4. La diversification de la production et l'intégration fiscale*

P. Kenen(1969), lui, propose un autre critère, la diversification du tissu productif des pays candidats pour la création d'une zone monétaire optimale, dans la mesure où il n'existe pas de mobilité parfaite de la force de travail. Il explique, en effet, que plus une économie est diversifiée, moindre est le risque d'être affectée par un choc quelconque. Une économie bien diversifiée possède aussi un secteur d'exportation diversifié. En cas de chocs non corrélés dans l'économie, avec des effets positifs sur un secteur d'exportation et des effets négatifs sur un autre secteur d'exportation, il en résulterait une annulation des effets sur l'ensemble des exportations. Ainsi les économies diversifiées peuvent se passer du taux de change et créer une zone monétaire optimale, la diversification permettant une plus grande dilution des effets de tout choc. Dès lors, la diversification conduit à une intégration économique des partenaires.

Reprenant l'idée de Mundell que les pays susceptibles de subir des chocs asymétriques devraient faire flotter leur monnaie, Kenen (1969.) explique qu'en présence de mobilité du facteur travail, deux pays ayant des structures de production similaires, sont de bien meilleurs candidats pour former une zone monétaire optimale dans la mesure où les chocs, en termes de détérioration des termes de l'échange, sont susceptibles de les impacter de façon symétrique.

Kenen (1969) a enfin émis l'idée que l'intégration fiscale devra être également un critère d'optimalité pour la formation de zone monétaire, car une forte intégration fiscale permet d'amoindrir l'impact des chocs asymétriques grâce aux transferts fiscaux de la région de faible taux de chômage vers la région à chômage élevé.

### *2.1.5. L'endogenéité et l'exogenéité*

Jusqu'ici, nous avons passé en revue la théorie mettant l'accent sur les conditions préalables à la formation d'une zone monétaire optimale. Ceci suppose la prise en compte uniquement des critères ex-ante à remplir pour la réalisation de toute intégration monétaire. Mais, les expériences de l'Union Européenne et de la zone du franc CFA ne peuvent être justifiées ou légitimées uniquement sur la base de la réalisation effective et antérieure des critères identifiés par la théorie traditionnelle de la zone monétaire optimale. En effet, on se pose la question de savoir s'il est rationnellement acceptable de renoncer à former des zones monétaires optimales parce que les critères préconisés par la théorie traditionnelle ne sont pas préalablement respectés ou n'existent pas ou ne peuvent être réalisés à court, moyen et long termes ?

Si l'on considère que les zones monétaires permettent d'apporter plus de bien-être à la collectivité, alors l'aspiration légitime des peuples au progrès économique et social commande de créer les conditions nécessaires à leur réalisation. A cet égard, il est apparu dans les années 1990, un renouvellement de la théorie de la zone monétaire optimale, avec Frankel and Rose (1998,2000,) et Corsetti et Pesenti (2002)), qui introduit des critères endogènes basés sur l'idée que « l'union monétaire produit d'elle-même les conditions de son optimalisation ». On pourrait même relever, à la limite, que l'économie et les critères de la théorie traditionnelle évoluant dans le temps, ces critères pourraient être considérés comme endogènes si on les appréciait ex-post. Contrairement au premier modèle qui vise à identifier la caractéristique ex-ante qu'une économie devra satisfaire avant de rejoindre une zone monétaire, le nouveau concept, formulé par Frankel et Rose (1998, 2000, 2002) met l'accent sur les changements dans les structures et performances économiques qui résulteraient de la participation à une union monétaire : c'est l'endogenéité. Le concept trouve ses origines dans deux explications :

— l'unification monétaire qui, par l'élimination des frontières, stimule le développement du commerce au sein de l'union (McCallum, 1995, Engel et Rogers, 2004) et élimine les risques de change (donc le coût de couverture à terme) grâce à la monnaie unique, réduit les coûts des informations, accroit la transparence des prix par la réduction de la segmentation du marché et la stimulation de la compétition (Skudenly, 2003). A cet égard, De Grauwe et Mongelli (2005) soutiennent qu'autant que le taux de change fixe entre différentes monnaies, la monnaie commune permet de promouvoir le commerce réciproque, l'intégration économique et financière et l'accumulation de connaissances ;

— le lien positif entre la corrélation des revenus et l'intégration commerciale (Frankel et Rose, 1998,2002 ) dans la mesure où cette dernière conduit à un niveau plus élevé de corrélation de cycle économique de production à cause des chocs communs sur la demande et un plus grand commerce intra-industriel, ce qui réduit le besoin de politiques monétaires spécifiques à chaque pays et le coûts d'opportunité lié à l'abandon d'une politique monétaire élaborée individuellement au niveau national. En stimulant les échanges, l'union monétaire contribue à la synchronisation des cycles.

Au contraire de la théorie traditionnelle, la théorie de la zone monétaire optimale endogène conclut que la participation à une union monétaire réduit d'elle-même l'incidence des chocs asymétriques parmi les membres.

#### *2.1.6. Les critères d'intégration commerciale et financière*

Selon Frankel et Rose (1998), l'union monétaire, en favorisant l'intégration commerciale -donc l'ouverture - entre ses membres, réduit également les risques de chocs asymétriques. Pour Fontagné et freudenberg (1999), dans le droit fil de Kenen, l'intégration économique des pays industriels génère la spécialisation intra-branche qui est un critère favorable à l'union monétaire.

Pour d'autres économistes comme Krugman (1991), l'intégration économique, financière et monétaire permet aux pays membres de tirer davantage partie de leurs avantages comparatifs, de leurs dotations en facteurs, donc de diversifier leur production à travers un processus de spécialisation à l'intérieur de la même zone monétaire. Mais, l'usage d'une monnaie unique devient plus difficile à cause de la différenciation grandissante des cycles, dans la mesure où chaque pays peut réagir différemment aux évolutions spécifiques du secteur de production dans lequel il se spécialise.

### 2.2. Les autres critères introduits par la nouvelle théorie

Même si Mundell (1961), McKinnon (1963) et Kenen (1969) sont considérés comme les auteurs principaux de la théorie traditionnelle de la zone monétaire optimale, du moins dans sa première formulation, d'autres auteurs ont contribué au développement de cette théorie économique, par la suite. Il s'agit, notamment, de Fleming (1971), Corden( 1972), Ishiyama ( 1975), Tower et Willett (1976), Kydland et Prescott(1977), Cooper (1977), Barro et Gordon (1983), Bruno et Sachs ( 1985), Kendleberger (1986), Buiter(1986), Calmfors et Driffill ( 1988) ,Giavazzi et Giovannini ( 1989), Fratianni et Von hagen( 1990), Mélitz (1991), Krugman ( 1991), Tavlas (1993), McCallum (1995), Buiter ( 1995), Edward( 1996), Collins (1996), Bayoumi et Eichengreen ( 1996), Obstfeld and Rogoff ( 1996), Asdrubali, Sorensen et Yosha (1996), Frankel et Rose ( 1997 , 2002), Fontagné et Freudenberg (1999), Buti et Suardy,( 2000), Hughes et Rummel (2000), Mongeli (2000), Berger, Jensen et Schielderup (2001), Cortesi et Pesenti (2002), Berger, Calvo et Reinhart ( 2002), Alesina , Barro et Tenreyero (2002), Skudenly (2003), Engel et Rogers ( 2004), De Grauwe et Mongelli (2004) etc. Ce développement que De Grauwe (1992) a appelé « la nouvelle théorie de la zone monétaire optimale » met davantage l'accent sur les bénéfices (avantages) plutôt que sur les coûts et explore, en plus, les critères tels que :

— la similarité des taux d'inflation ;

— l'efficacité de la politique monétaire ;

— la crédibilité de la politique monétaire ;

— l'homogénéité des préférences

— la synchronisation des cycles économiques ;

— la corrélation et la variation des chocs ;

— le caractère des chocs ;

— l'intégration économique ;

— l'efficacité des ajustements de taux de change ;

— les institutions régissant le marché du travail ;

— les facteurs politiques.

Fleming (1971) explique que la similarité des taux d'inflation, sur une certaine période, entre des pays, conduit à des conditions d'échanges stables, réduisant de ce fait, les besoins d'ajustements du taux de change. Par contre, des taux d'inflation différents peuvent entrainer des niveaux de pouvoir d'achat divergents, impliquant un recours à la modification du taux de change pour résorber les différences de niveaux.

Pour Corden (1972), parce qu'intégrer une zone monétaire conduit à une perte du contrôle direct de la politique monétaire et du taux de change, la perte est d'autant plus importante que la politique monétaire est efficace, du moins dans le court terme. Ceci implique que, si un pays fait face à un choc négatif de demande, il n'est pas en mesure d'utiliser la politique monétaire et de change pour provoquer l'ajustement des prix et salaires relatifs, de sorte que l'ajustement ne peut se faire que par une augmentation du chômage et une réduction des prix et salaires nominaux ou à travers une politique fiscale restrictive. Par conséquent, Corden (1989) considère « la flexibilité du salaire et des prix comme le plus important critère pour la formation d'une zone monétaire optimale puisqu'en plus, les prix et les salaires réagissent plus rapidement aux chocs asymétriques ». Alors, il relève que si des pays ont des préférences différentes en matière de taux d'inflation, la formation d'une zone monétaire peut être coûteuse.

Ishiyama (1975) identifie les différentiels de taux d'inflation et les variations de salaire comme des facteurs (critères) d'intégration monétaire de pays ayant des préférences sociales différentes.

Mais, Gandolfo (1992) soutient que la similarité des taux d'inflation ne peut être une précondition pour rejoindre une zone monétaire optimale parce qu'elle en résulterait plutôt. En effet, en situation inflationniste, comme il l'explique, les autorités monétaires ont besoin de jouir de crédibilité en matière de politique de bas taux d'inflation, auprès des agents économiques pour les convaincre qu'elles ne tricheront pas, en termes de décisions monétaires discrétionnaires. Le pays peut adopter un régime de taux de change fixe totalement crédible ou s'intégrer à une union monétaire pour éliminer le biais inflationniste. Si le pays tente une désinflation, alors rejoindre une zone monétaire avec un bas taux d'inflation ne posera aucun problème de différence de préférence de politique de taux d'inflation, dans la mesure où le pays et l'union monétaire partageront le même objectif de bas taux d'inflation.

Cooper (1977) et Kindleberger (1986) ont introduit le critère de préférences homogènes dans l'analyse de la zone monétaire optimale qu'ils considèrent comme un bien collectif qui requiert, pour bien fonctionner, « que les objectifs de politique économique des Etats membres soient convergents, surtout en matière d'inflation, de chômage et de politique sociale ».

L'homogénéité des préférences permet donc aux pays membres de l'union monétaire de s'accorder globalement sur la hiérarchisation des objectifs en matière de politique économique, et particulièrement, sur une interprétation commune de l'arbitrage entre inflation et chômage (cf. courbe de Phillips).

La synchronisation du cycle économique est considérée par d'autres économistes comme un facteur important de la zone monétaire. En effet, lorsque les cycles économiques des pays sont synchronisés, le coût engendré par l'abandon de leurs propres politiques monétaires est minimisé. Comme le soulignent si bien Frankel et Rose (1997), « la synchronisation est un élément important dans la recherche de l'endogénéité des déterminants de la zone monétaire optimale, de l'intensité du commerce bilatérale et de la corrélation des cycles économiques (Frankel et Rose, 1966), de l'impact de l'intégration monétaire comme facteur (ou cadre) d'observation de discipline ( Buti et Suardy, 2000) et de l'hypothèse de spécialisation (Krugman,1993) ».

Les facteurs politiques déterminent également la formation d'une zone monétaire optimale (Edward, 1996 et Collins, 1996). Il en est ainsi de l'instabilité ou de la stabilité politiques et de la politique inflationniste ou anti-inflationniste des Etats. Par exemple, en matière de politique monétaire, les gouvernements ont tendance à tricher vis-à-vis des agents économiques en prenant le contrepied de la décision annoncée antérieurement, pour accroitre l'inflation dans le but de réduire le taux de chômage. Pour cette raison, « ils ont tendance à vouloir se lier les mains par l'adoption permanente d'un régime de taux de change fixe » (Edward, 1996) dans la mesure où, comme l'indique Collins (1996), l'ajustement de taux change en régime de change flexible est moins perceptible par les agents économiques, et donc, politiquement moins coûteuse pour les gouvernants, que la dévaluation en régime de change fixe qui est impopulaire et requiert des mesures tout aussi impopulaires.

Berger, Jensen et Schjelderup (2001) eux, ont soulevé la question de l'importance de la symétrie des chocs. Utilisant la parité du pouvoir d'achat et une période type du modèle de Kydland et Prescott ((1977) ou de Barro et Gordon (1983), ils font l'hypothèse que les agents économiques du privé, dans un petit pays (au sens économique), déterminent leurs anticipations d'inflation tôt en la période, avant la survenance des chocs. Face aux chocs, les autorités orientent la politique monétaire pour contrer leurs effets néfastes. Ces auteurs montrent clairement, dans leurs études, comment le degré et la direction de la corrélation entre les chocs provenant du pays d'ancrage et des chocs internes, impactent l'économie domestique. Par la suite, ils tirent trois conclusions :

— les chocs corrélés négativement renforcent l'argumentation pour le régime de change fixe ;

— l'accroissement de l'écart-type (standard deviation) des chocs fragilise, de façon ambiguë, l'argumentation en faveur du régime de change fixe, si et seulement si la corrélation n'est pas négative ;

— les rigidités nominales deviennent plus fortes, après l'adoption d'un taux de change fixe.

En prenant en compte ces trois conclusions, ils soutiennent que l'adoption du régime de taux de change fixe procure des gains par rapport au système de change flexible.

Quand « l'incidence des chocs d'offre et de demande et la rapidité d'ajustement à ces chocs (y compris les réactions politiques) sont similaires entre pays, la nécessité de politiques autonomes devient plus réduite », de sorte que les bénéfices nets de l'introduction d'une monnaie unique, dans le cadre de la zone monétaire, sont nettement plus élevés.

Bayoumi et Eichengreen (1996) relèvent une corrélation positive dans l'Union Européenne, entre l'Autriche, l'Allemagne, le Danemark, la France, les pays du Benelux et la Suisse alors que Hughes et Rummel

(2000) mettent en exergue la symétrie des chocs dans toute l'Union Européenne. Il faut, toutefois, noter que les résultats des études sur la symétrie des chocs sont « ambigus et souvent contradictoires ».

Le modèle de Buiter (1995) relatif à la formation d'une zone monétaire optimale distingue les effets du régime de change en fonction du caractère des chocs qui affectent l'économie. Pour lui, si en matière d'ajustement par rapport aux chocs réels, la flexibilité du taux de change nominal a un impact significatif, il n'en est pas de même en ce qui concerne les chocs financiers. En cas de prééminence de chocs monétaires, le taux de change fixe apporte plus de stabilité ; quand les chocs sont principalement de nature réelle ou externe, le régime de change flexible est préférable.

Selon Fontagné et Freudenberg (1999), l'intégration économique des pays développés provoque principalement la spécialisation intra-branche, ce qui est un facteur favorable à la formation de zone monétaire, même si l'on peut observer que « le commerce intra-branche ne suffit toujours pas à garantir une synchronisation des cycles économiques ou des préférences » , puisqu'il peut conduire au « développement de l'intra-branche de qualité différente ayant les mêmes caractéristiques de spécialisation appauvrissante et de désynchronisation que le commerce interbranche ».

Frankel (1999) a mentionné des critères additionnels qu'un pays doit prendre en compte pour son intégration dans une union monétaire ; ce sont :

— le besoin de stabilité d'importations (pour cause, soit d'hyperinflation, soit d'absence d'institutions publiques crédibles, soit de large degré de risque d'exposition à des investisseurs internationaux véreux ou agressifs) ;

— le désir pour davantage d'intégration avec le pays voisin ou le partenaire commercial ;

— la large utilisation de la devise étrangère (potentiellement commune) dans l'économie du pays ou des futurs pays à intégrer au sein de l'union monétaire ;

— l'accès à un niveau adéquat de réserves extérieures;

— l'existence et le respect de la règle de droit ;

— l'existence d'un système financier stable, performant, bien supervisé et bien régulé.

Mongelli (2002), lui, s'interroge sur l'efficacité réelle des ajustements de taux de change. S'ils ne sont pas efficaces, alors le coût de la perte du taux de change comme mécanisme d'ajustement devient insignifiant. A cet égard, deux points de vue s'opposent : celle qui préconise que la variation du taux de change nominal provoque des ajustements de la balance externe et celle qui soutient le contraire.

### 2.3. Un nouveau critère : l'efficacité des politiques monétaire, fiscale et budgétaire.

Mundell (1969, 1997) a fait allusion à l'efficacité de la monnaie qui diminue quand le nombre de monnaies utilisées augmente sous le régime de change flexible. Mongelli (2002) a soulevé la question importante de l'efficacité de l'ajustement du taux de change comme facteur déterminant de la zone monétaire optimale en termes d'effet sur la balance externe. Dans ce cas de figure, la politique économique serait destinée à rétablir l'équilibre externe, laissant de côté l'aspect interne de l'équilibre et les autres instruments de politique monétaire. Nous pensons donc qu'il est nécessaire d'introduire l'efficacité de la politique monétaire, dans son entièreté, en prenant en compte la variation du stock de monnaie, c'est - à - dire la masse monétaire sous ses formes de $M_1$ ou $M_2$, comme facteur déterminant de la zone monétaire optimale.

Mais, en plus de l'effet de la politique monétaire, la prise en compte de l'efficacité de la politique économique devra être élargie à celle des politiques fiscale et budgétaire dans l'ajustement entre les économies des pays membres d'une union monétaire. Ainsi le degré d'efficacité des politiques monétaire (à travers la variation de $M_1$ ou $M_2$), fiscale (la détermination du niveau d'imposition T) et budgétaire (l'exécution de G) serait également un facteur important pour la formation d'une zone monétaire optimale. Or, la politique monétaire cible les objectifs à court termes (taux d'inflation bas et stable) quand la politique budgétaire est destinée à la réalisation des objectifs à moyen et long termes.

L'utilisation simultanée et coordonnée de ces trois politiques à leur niveau d'optimalité (cf. les paragraphes suivants) renforce leur impact sur leur degré d'efficacité en termes de résultats dans l'économie. On pourrait alors parler « de la triple efficacité de la politique économique comme facteur déterminant la zone monétaire ».

Or, l'impact sur le degré de cette triple efficacité peut être mis en équation, à travers ce que nous appelons « l'équation de la bonne gouvernance économique (Djelhi-Yahot, 2017) que nous avons formulée de façon suivante :

$$f(B_g) = f(M, T, G)$$

Avec M = masse monétaire

T = taux d'imposition

G = dépense publique

La combinaison de M, T et G, à leur niveau optimal respectif, impacte significativement le degré d'efficacité de la politique économique dans l'économie d'un pays ou d'une zone monétaire et permet de réaliser plus que l'équilibre, l'optimalité de la production(PIB). Or, la production optimale conduit à la réalisation de bénéfices nets optimaux lorsque l'on raisonne en termes de coûts/bénéfices, grâce aux performances économiques optimales du pays ou de l'union monétaire (cf., chapitre troisième suivant).

La courbe de Laffer donnera le taux d'imposition optimal quand l'exécution des dépenses publiques sera assurée, de façon optimale, grâce au contrôle efficace effectué par des contrôleurs compétents et indépendants qui n'ont aucun comportement bureaucratique. Ceci aura une incidence plus prononcée sur les transferts de fonds qui réduisent les écarts de chômage entre les pays membres de l'union monétaire frappés par un choc asymétrique et les autres Etats membres.

La politique monétaire optimale peut être représentée par la règle de John Taylor qui, au contraire des différentes théories de l'approche monétaire de la balance des paiements, prend en compte davantage d'agrégats et indicateurs économiques d'un pays (taux de croissance,

PIB, écart de l'output, indice des prix, taux d'intérêt, taux directeur de la banque centrale) et conduit à de meilleurs résultats.

Toutefois, pour déterminer cette politique monétaire optimale, il faut adopter un mécanisme de prise de décisions qui contribue à la maximisation de la fonction $f(B_g)$, c'est-à-dire la réalisation de la bonne gouvernance avec ou sans indépendance de la banque centrale.

En situation d'indépendance de la banque centrale, une collaboration (coopération) entre les autorités monétaires et le gouvernement devra permettre d'obtenir la politique monétaire optimale (M).

Au cas où la banque centrale n'est pas indépendante du pouvoir politique, des décisions rationnelles prises au niveau de l'Etat, c'est-à-dire le gouvernement et la banque centrale, permettront d'appliquer une politique monétaire optimale(M).

Dans le premier cas, la coordination et l'harmonisation peuvent ne pas être nécessaires s'il est institué une réglementation qui contraint les autoritaires monétaires à déterminer (par exemple économétriquement) le niveau optimal de la variable - cible M.

En conséquence, la maximisation de l'équation de la gouvernance économique (qui conduira à la bonne gouvernance économique) (cf. le chapitre troisième suivant) impactera positivement l'efficacité des politiques monétaire, fiscale et budgétaire. Mathématiquement (cf. démonstration mathématique en annexe), il s'agit de :

$$\text{Max } f(B_g) = f(M, T, G), \text{ avec } \quad f'(B_g) = 0 \quad \text{et } f''(B_g) < 0$$

On en conclut que la bonne gouvernance économique qui est la collecte et l'allocation optimales des ressources publiques, à des fins de développement économique, impacte significativement l'efficacité de la politique économique qui, elle-même, est un facteur déterminant de la zone monétaire.

L'équation de la bonne gouvernance est représentée sur le graphique n° 1. A partir des courbes de Laffer et de Barro et du diagramme qui donne l'équilibre sur le marché de la monnaie, on détermine l'équilibre qui s'apparente alors au point d'optimalité. Ainsi on obtient le diagramme de la bonne gouvernance. Explication : la détermination du taux d'imposition optimale $t^{*}$, permet la collecte d'un revenu optimal $R^{*}$ (figure 1) et engendre un taux de croissance $g^{*}$ (figure 2) selon Barro. Ce taux, à son tour, conduit à une production optimale $Y^{*}$ qui se situe au niveau où l'offre globale $O_g$ et la demande globale $D_g$ des biens se rencontrent au point d'équilibre C (figure 3) qui est, en même temps, le point d'équilibre de l'offre globale et de la demande globale déterminé par les courbes IS-LM (figure 4). Ainsi, à la production optimale $Y^{*}$ répond une demande de monnaie appropriée, donc optimale $M^{d*}$ avec laquelle l'offre de monnaie $M^{s}$ s'équilibre au point E (figure 5) où elle rencontre la demande de monnaie $M^{d}$, au taux d'intérêt optimal $r^{*}$ préalablement déterminé par les courbes IS - LM.

Graphique n° 1

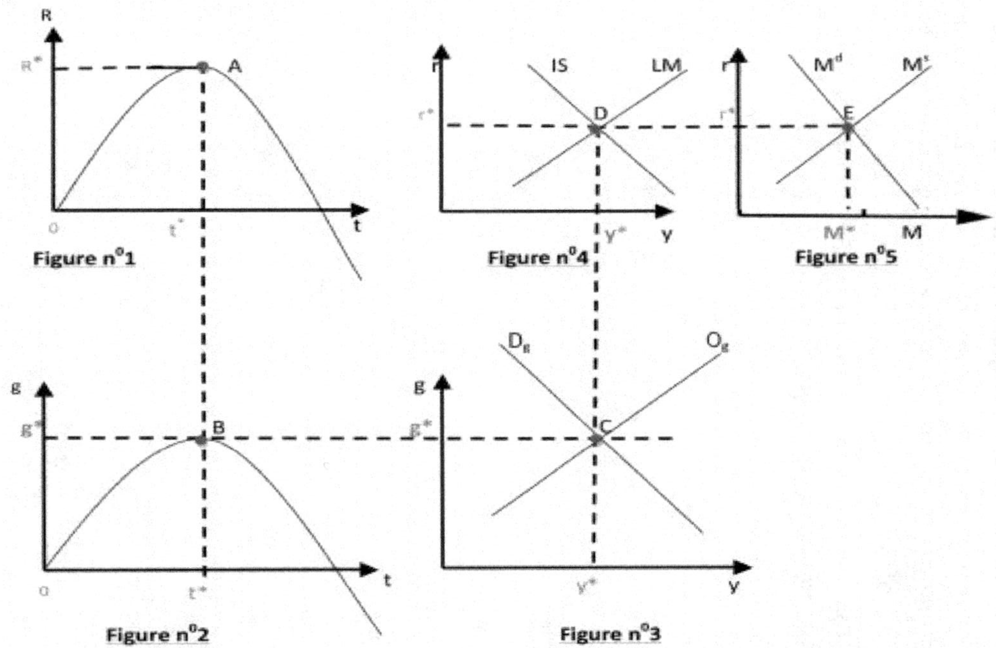

## 2.4. Les critères de convergence

Dans le processus d'intégration monétaire, en plus des critères traditionnels, on a cru bon, au sein de certaines unions (UEMOA, CEMAC, UE) de définir et de respecter des critères appelés « **critères de convergence** macroéconomique » pour mettre les différentes économies au même stade, c'est-à-dire réaliser la similarité des économies des Etat membres. Ceci est tout à fait rationnel. Mais, les expériences de zones monétaires que constituent la zone euro dans l'Union Européenne, l'UEMOA et la CEMAC dans la zone CFA, peinent à devenir de véritables unions monétaires à impact significatif, pour deux raisons :

— les critères de convergence macroéconomique retenus sont inadéquats ou erronés du point de vue de la rationalité économique ;

— les critères édictés par la théorie de la zone monétaire sont mal appliqués ou ne le sont pas du tout.

En effet, l'absence de la prise en compte de critères économiques dans le traité de Maastricht plombe, depuis toujours, l'évolution normale de l'Union Européenne et réduit son potentiel de croissance économique : on a adopté, depuis 1999, l'euro comme monnaie commune sans cours légal dans tous les pays membres de l'Union Européenne ; on a créé la Banque Centrale Européenne (BCE) aux pouvoirs réduits, sans véritable politique monétaire communautaire et en conservant les différentes banques centrales des états - membres ; on a défini des critères de convergence macroéconomique dont certains sont répressifs ou dépourvus de sens économique.

L'Afrique n'échappe pas à ces insuffisances qui rendent laborieux le processus d'intégration vers de véritables zones monétaires. Il va falloir corriger toutes ces anomalies pour pouvoir fondre les zones monétaires régionales futures dans la future zone monétaire africaine.

Comme je l'ai expliqué dans *Gouvernance en Afrique : la théorie générale de la gouvernance économique* , le plafonnement de la masse salariale à un taux figé de 35% du Budget de l'Etat, la fixation du déficit budgétaire à 3% au plus du PIB, le maintien du taux d'inflation en dessous de 3% , les taux d'endettement et de pression fiscale fixés respectivement à 70% et à 17% du PIB sont autant d'obstacles qui retardent inutilement le processus de développement des pays membres de L'UEMOA (Djelhi-Yahot, 2017). La fixation du déficit à 3 %, dépourvue de sens économique, contribue également à freiner la croissance économique dans l'Union Européenne.

### *2.4.1. Le plafond de la masse salariale*

Plafonner la masse salariale à un taux constant de 35 % par rapport au budget, c'est, à la fois :

— créer une injustice sociale, car le salaire étant la rémunération de la contribution du travailleur à la production des biens et services, il doit progresser quand la production augmente ;

— comprimer la production (PIB) dans la mesure où les effets du multiplicateur keynésien et du multiplicateur de crédit sont réduits dans l'économie ;

— comprimer une partie du PIB quand il est calculé à partir de l'approche du revenu.

Par comparaison, le ratio de la masse salariale sur le budget de l'Etat est de 110% en 2015 aux USA ; en France, il est de 54,4 % et de 57%, respectivement, en 2013 et en 2015.

### *2. 4.2. Le ratio solde budgétaire / PIB de 3 %*

La fixation du ratio solde budgétaire/ PIB à 3 % qui ne peut être expliquée, du point de vue du raisonnement économique, bloque inutilement la progression des économies dans l'Union Européenne et en Afrique en y réduisant considérablement les effets des multiplicateurs keynésiens et de crédit. Or, Keynes et les keynésiens démontrent qu'exécuter un budget en déficit est tout à fait rationnel économiquement et le recommandent (cf. Multiplicateur keynésien et théorème de Haavelmo en annexe). En application de cette théorie keynésienne, le professeur Raymond Barre, en tant que Premier Ministre et Ministre de l'économie et des finances de France (1976-1981), avait toujours fait voter et exécuter le budget de l'Etat français en déficit sous son gouvernement.

Le PIB étant la somme de toutes les richesses créées dans une économie pendant une année, et le budget de l'Etat, la part de cette somme de richesses collectée de force par l'Etat, il est tout à fait logique de calculer le pourcentage des dépenses par rapport aux ressources pour savoir si le budget a été exécuté en équilibre (dépenses = recettes) ou en déficit (dépenses > recettes). Mais, comparer le solde budgétaire (recettes moins dépenses) par rapport au PIB n'explique rien - du moins - du point de vue de la performance économique d'un pays. En faire un critère de convergence n'a donc aucun sens sur le terrain proprement scientifique. L'on comprend bien pourquoi, depuis les années 2010, des pays de l'Union Européenne (Italie, Grèce, France etc.), soumis à cette contrainte draconienne ou tentant de la respecter, ont du mal à retrouver le chemin d'une véritable croissance économique.

### *2.4.3. Le plafond d'endettement de 70 %*

« L'efficacité de l'endettement d'un pays (…) a fait l'objet de débats chez les économistes depuis les années 1970. De façon générale, ils ont abouti à la conclusion que la détermination d'un niveau optimal d'endettement est nécessaire pour que son remboursement n'ait pas d'effets négatifs sur la croissance économique » (Djelhi-Yahot, 2017).

Ainsi Barro (1979) préconise qu'un niveau soutenable de l'épargne de précaution détermine le niveau optimal de d'endettement.

Lucas et Stokey (1983) soutiennent que « la dette varie autour d'une valeur stationnaire qui est une fonction monétaire de la dette initiale » quand Crettez (2003) argumente que l'endettement public acceptable est celui qui reste compatible avec un fonctionnement effectif de l'économie.

Bachellerie (2005), lui, parie sur la stabilisation pour prévenir une crise de dette souveraine quand la dette publique d'un pays augmente sur plusieurs années. A cet effet, il détermine l'excédent budgétaire primaire nécessaire à la stabilisation du ratio dette / PIB ; et « la différence avec l'excédent primaire réalisé correspond à l'écart sur l'ajustement budgétaire. ». Si ce dernier est positif, la dette doit être considérée comme insoutenable. Le taux d'imposition requis pour assurer la stabilisation du ratio dette/PIB, et un écart entre le taux d'équilibre et le taux d'imposition effectif implique que la dette est insoutenable.

Alfaro, Laura et Fabio (2007), et Kunzuk (2006) traitent l'optimalité de la dette en raisonnant en termes de court et long termes pour les pays émergeants(Brésil) et les pays développés(USA). Ils calculent alors l'amortissement de la dette sur la période de remboursement et montrent que les avantages de transfert de fonds (grâce à la dette) sont anéantis par les taux d'intérêts généralement élevés. Ils en tirent la conclusion que la soutenabilité de la dette est fonction de la maturité de l'économie considérée. Ainsi ils soutiennent que, dans les petites économies, la dette à court terme est plus soutenable et associée à un niveau de bien-être bien plus élevé que la dette à long terme.

Nasser A. Tanimoune et J. L. Combes (2005), eux, cherchent à déterminer l'effet de la politique budgétaire sur l'activité économique apprécié à travers l'output-gap (l'écart entre PIB et PIB potentiel) en prenant en compte les effets non linéaires de la politique budgétaire. Puis, ils testent l'existence de différents régimes budgétaires soumis (contraints) au taux d'endettement public et aboutissent aux conclusions suivantes :

— pour un niveau d'endettement inférieur à un seuil, le régime est keynésien, c'est-à-dire une contraction budgétaire conduit l'économie à une récession ;

— pour un taux d'endettement supérieur au seuil, le régime est anti-keynésien (contraction budgétaire neutre ou favorable à activité économique).

Sur la période 1986-2002, les deux économistes ont déterminé un seuil d'endettement de 83% de l'effort budgétaire sur l'output – gap, dans les pays de l'UEMOA.

En réalité, le seul niveau d'endettement ne peut permettre d'apprécier la solvabilité d'un pays (nous le verrons plus loin, dans le livre). Mais, les pays de l'UEMOA se sont cramponnés à ce critère pour le fixer à 70 %.

En fixant le taux d'endettement à 70 %, on prive les pays africains de l'UEMOA de bénéficier davantage de sources de financement extérieur sans prendre en compte leur capacité de remboursement, critère plus rationnel ; par comparaison, sur la période 2010 - 2016, le taux d'endettement est nettement plus élevé aux Etats-Unis d'Amérique variant entre 94,2 % et 106,2 % du PIB, en France avec un taux passant de 81,6 % à 96 % du PIB et au Japon avec des proportions hors norme de 215,82 % à 246,6 % du PIB (cf. tableau n° 1, ci-après).

Tableau n° 1: taux d'endettement des USA, de la France et du Japon en % du PIB de 2010 à 2016

| Années | 2010 | 2011 | 2012 | 2013 | 2014 | 2015 | 2016 |
|---|---|---|---|---|---|---|---|
| USA | 94,2 | 98,7 | 103,6 | 104,5 | 103 | 106,52 | 106,2 |
| FRANCE | 81,6 | 85 ,2 | 89,5 | 92,3 | 94,9 | 95,6 | 96 |
| JAPON | 215,82 | 229,71 | 236,65 | 242,82 | 246,17 | 245,90 | 246,6 |

Source : FMI

Les taux d'endettement public vertigineux du Japon ne posent pourtant aucun problème particulier, puisqu'ils n'exposent pas le pays au risque de défaut de paiement. L'explication réside dans la structure de la dette nippone qui est détenue très majoritairement (environ 80 %) par les japonais eux-mêmes : par exemple, en septembre 2016, selon le ministère des Finances japonais, cette dette était détenue dans les proportions suivantes :

— 36,7 % par la Banque du Japon ;

— 24,7 % par les institutions financières du Japon ;

— 21,8 % par les assureurs locaux ;

— 6,7 % par les étrangers ;

— 10,1 % par les fonds de pension publics et privés, les ménages et autres.

Contrairement en France où la part des créanciers étrangers représente environ 60 % de l'encours de la dette publique, elle fait 6,7 % au Japon. En conséquence, le pays est à l'abri d'un scénario catastrophe où les investisseurs étrangers, inquiets de la capacité de rembourser de l'Etat, fuiraient pour placer leur argent dans d'autres pays. De même, comme l'économie nipponne tourne correctement, il n'y a pas de raison que l'Etat ne puisse pas faire face à ses obligations vis-à-vis des créanciers internes. De plus, le remboursement de la dette publique japonaise est réinjecté, dans une très large proportion, dans l'économie nationale. Même l'hypothèse irréaliste et invraisemblable d'incapacité de rembourser la dette extérieure japonaise ne porterait que sur la portion infime de 6,7%, ainsi, une baisse ou une suspension des sources de financement extérieur ne causeraient pas grand dommage à l'économie interne.

L'exemple du Japon montre bien que plafonner à 70 % le taux d'endettement des pays de l'UEMOA, sans tenir compte de leur capacité individuelle de remboursement et de la structure de la dette de chaque pays, peut être préjudiciable aux pays-membres qui ne courent aucun risque de défaut au-delà de ce niveau d'endettement.

Or, maintenir le taux en dessous de la capacité d'endettement d'un pays, c'est y maintenir à la fois un état de sous-emploi des facteurs de production et y réduire les effets des multiplicateurs keynésiens et du crédit.

L'autre leçon que l'on peut tirer du cas du Japon, c'est qu'à partir du moment où la quasi-totalité des créanciers du pays sont nationaux, il n'y a pas de grande « fuite » de capitaux sous forme de rapatriement de capitaux à l'étranger au titre du paiement du service de la dette. Mais, le mécanisme est différent en ce qui concerne la plupart des pays en développement dont une large proportion de la dette est d'origine extérieure. Dans ce cas, ce n'est plus tellement le niveau du taux d'endettement acceptable qu'il faut considérer, mais, le ratio de la dette extérieure, c'est-à-dire dette extérieure / PIB et le montant du service de la dette extérieure. En effet, quand on sait qu'à un taux d'intérêt de 5 %, le capital initial prêté double tous les quatorze (14) ans, il parait plus rationnel d'éviter autant que possible, une proportion importante du capital étranger dans la structure d'endettement des pays, particulièrement ceux en développement. Autrement, on hypothèque dangereusement le bien-être des générations futures.

Les effets négatifs de la dette extérieure sur l'économie nationale sont relevés par plusieurs économistes.

Fry (1989) explique » qu'en situation de répression financière, l'accumulation de la dette extérieure réduit l'investissement interne ». L'accumulation de la dette extérieure d'un pays peut également décourager l'investissement interne puisqu'elle implique une augmentation éventuelle d'impôts pour faire face au remboursement futur de dette.

Anne Krueger (1987) relève que « quand les montants du service de la dette sont élevés, les ressources publiques croissantes en vue de faire face aux obligations pourraient dissiper les incitations à investir et réduire les ressources disponibles pour le secteur privé ».

Pour Aeton (1987), en cas d'accumulation de la dette extérieure, les ménages redoutant et anticipant des charges fiscales plus élevées, en vue du paiement du service de la dette, auraient une forte tendance à transférer leurs encaisses à l'étranger.

Au début du XIX ème siècle, Ricardo (1810) avait déjà prédit une telle situation « pour le contribuable tenté de se déplacer ou déplacer son capital dans un autre pays où il pourrait être exempté de pareilles charges, puisque la tentation devient irrésistible et dépasse la résistance naturelle de chaque individu pour ne pas quitter son pays »

Fry (1989) assure que les épargnants nationaux pourraient considérer l'accumulation de la dette extérieure comme un motif de stimulation de l'Etat à encourager les exportations. Ce qui entrainerait une dépréciation du taux de change réel. La conséquence, c'est que le rendement des avoirs détenus à l'étranger serait plus élevé que le rendement des encaisses détenues au niveau national, ce qui provoquerait une fuite des capitaux, qui, quelle que sa forme, réduit l'épargne nationale.

En matière d'endettement, ce qui compte donc, c'est à la fois la capacité de remboursement du pays, la structure de l'endettement, et de nombreux autres facteurs (cf. paragraphes suivants), et non uniquement le taux d'endettement : tant qu'un pays est en mesure de rembourser ses dettes, il peut s'endetter. En ce qui concerne la structure de la dette, elle doit comporter une proportion de dette interne plus importante.

Avec ses taux d'endettement vertigineux (cf. tableau n° 1), le Japon est demeuré, pendant de nombreuses décennies, et ce jusqu'en 2017, la seconde économie du monde, en termes de PIB, derrière l'économie américaine, avant de décaler d'un rang au profit de la Chine en 2016. Malgré leurs taux d'endettement élevés, par exemple sur la période 2010-2016 (cf. Tableau n° 1), les Etats–Unis d'Amérique réalisent les meilleures performances économiques depuis plus d'un quart de siècle, avec un taux de croissance économique variant entre 2,86 % et 4,56 %, un marché du travail de plein-emploi ou au voisinage du plein – emploi (entre 3% et 5 %) et un taux d'inflation bas se situant entre 1,58 % et 2,63 %.

Ainsi le taux d'endettement élevé n'a pas d'impact véritablement négatif sur l'économie américaine. A cela, deux principales explications : la composition de la dette fédérale américaine et l'importance de l'investissement américain à l'étranger.

En effet, la dette publique fédérale américaine (qui n'inclut pas les dettes des Etats et des collectivités locales), est constituée de la dette détenue par le public et est :

— soit placée sur le marché, c'est la dette de marché, c'est-à-dire les bons du Trésor américain destinés au public, sous forme d'obligations à long terme ( Treasury bond), d'obligations à moyen terme ( Treasury note) et d'obligations à court terme (Treasury bill) ;

— soit rachetée par le FED (la banque centrale fédérale américaine) qui détient environ 20 % de la dette publique fédérale américaine.

L'autre partie de cette dette publique américaine (47% - 50% selon l'année) est détenue par les étrangers dont la moitié (25%) revient aux créanciers chinois, 20% au japonais, 7% aux britanniques etc.

Le taux d'endettement élevé ne pose pas de véritable problème aux Etats – Unis parce qu'une bonne moitié de la dette est détenue par les créanciers nationaux, ce qui réduit considérablement la probabilité de risque de défaut vis - à - vis de l'extérieur. Les bons du Trésor américain inspirent confiance aux créanciers, surtout nationaux, du fait de la solidité et des performances remarquables de l'économie américaine qui, naturellement, mettent le pays également à l'abri du défaut de paiement envers les créanciers nationaux. Ces bons étant négociables, leurs détenteurs peuvent les céder à tout moment.

L'autre explication, de l'effet pratiquement nul « du surendettement » des Etats-Unis sur leur économie, se trouve dans trois facteurs :

— le flux très important d'investissements américains à l'étranger qui compense largement le volume de l'endettement extérieur ;

— le différentiel entre le taux d'intérêt plus élevé (du marché) sur les investissements américains à l'étranger et le taux d'intérêt plus bas rémunérant les bons du Trésor américain ;

— l'afflux important sous forme de rapatriement de dividendes, dans l'économie américaine.

Paul Krugman (2012), dans un article intitulé, « Nobody undesrtands debt », publié dans *the New York Time* du 4 Février 2012, traduit bien la situation favorable américaine : « It is true that foreigners now hold large claims on the United States, including a fair amount of government debt.. But every dollar's worth of foreign claims on America is matched by 89 cents' worth of U.S. claims on foreigners. And because foreigners tend to put their U.S. investments into safe, low-yield – assets, America actually earns more from its assets abroad than it pays to foreign investors ».

Comme on peut le constater, aussi bien dans l'économie américaine que dans l'économie nipponne, ce qu'il faut prendre en compte, en matière d'endettement, c'est moins le taux d'endettement que la structure de la dette (parts des dettes externes et internes par rapport à celle de la dette totale), le gain en termes de dividendes procurés par les investissements directs à l'étranger (éventuellement) et bien d'autres facteurs (cf. paragraphes suivants). Effectivement, Sims (2001) indique

que la moitié des défauts de paiement, entre 1970 et 2001, ont eu lieu dans les régions du monde où le ratio de la dette (dette / PIB) ne dépasse pas 60%. Ce qui suppose que retenir, dans le cadre de l'UEMOA, comme niveau maximal 70% de taux d'endettement, ne met pas nécessairement les pays - membres à l'abri d'une crise de d'endettement.

Considérer principalement le taux d'endettement comme facteur de risque de défaut d'un pays n'est donc pas toujours fondé tant du point de vue empirique que théorique, même si Giavazzi et Pagano (1990) et Detragiache (1996) considèrent le service de la dette et les problèmes de liquidité comme principaux facteurs du déclenchement de la crise de la dette.

Krugman (1979) soutenait, un peu plus d'une décennie avant, que « ce sont les mauvaises politiques économiques gouvernementales qui sont à l'origine des crises de la dette ».

Reinhart, Rogoff et Savastano (2003) eux, expliquent - dans ce qu'il est convenu d'appeler le modèle RRS, tiré de la première lettre des noms des trois auteurs - que c'est le facteur historique qui joue un rôle fondamental dans la vulnérabilité en matière de crise d'endettement d'un pays et le conduit à une situation de défaut de paiement. Ainsi ils ont introduit « le concept de l'intolérance de la dette qui se manifeste par l'extrême âpreté à laquelle sont confrontés de nombreux pays émergeants à des niveaux d'endettement qui sembleraient gérables selon les normes des pays développés ». Ces auteurs considèrent que « les pays sont plus ou moins vulnérables à une crise de dette selon leurs antécédents de niveau d'inflation et de crédibilité ». Sur la période 1970-2008, ils ont relevé que 50% des pays en défaut de paiement avaient un taux d'endettement extérieur inférieur à 60% quand il était inférieur à 40% pour 19% de ces pays.

Aussi, le modèle RRS a - t - il identifié deux facteurs qui « expliquent l'intolérance de la dette (débt intolérance) d'un pays » :

— l'indice «Institutional Investor Rating (IIR) » qui donne une indication sur le risque de défaut du pays avec une valeur allant de 0 à 100 ;

— et le Ratio de la dette extérieure (dette extérieure / PIB) qui s'apprécie par rapport à son niveau supérieur ou inférieur à 35%, plus de 35 % constituant un cas potentiel de risque de défaut.

L'indice IIR et le ratio de la dette extérieure constituent les éléments de mesure du niveau de l'intolérance de la dette d'un pays.

Ainsi les trois économistes ont, dans leur étude de 2003, calculé d'abord la moyenne (the mean) et l'écart-type (the standard deviation) du IIR de 53 pays industriels et en développement sur la période 1979-2002, puis ont utilisé ces statistiques pour classer un plus grand nombre de pays (soit 62) en trois groupes, en fonction de leurs niveaux d'intolérance de dette(cf.table B1 en annexe. Ceci leur a permis de déterminer, selon leurs propres termes, « le club des pays endettés et les régions de vulnérabilité ».

Les pays du premier groupe (club A) présentent un risque de défaut faible avec l'indice IIR > 67,7% et un ratio de dette extérieure (dette extérieure / PIB) < 35. Ceci implique que ses pays ont toujours la possibilité d'avoir recours au marché international.

Le troisième groupe (Club C), avec IIR < 24,2 % et un ratio de dette extérieure > 35, présente un risque de défaut élevé de sorte qu'il ne peut accéder au marché international.

Le second groupe (club B) se subdivise en quatre sous-groupes ayant des régions nettement plus risquées, avec une intolérance de dette plus élevée (24,2 < IIR < 45,9 et le ratio dette externe / PIB > 35 %). Ces pays sont susceptibles de défaut de paiement et peuvent se retrouver dans le troisième groupe.

Le seuil d'intolérance de la dette est donc un indicateur d'insolvabilité (ou de solvabilité) qui permet aux bailleurs de fonds (multilatéraux, bilatéraux) et aux marchés des capitaux de mesurer le degré de risque- pays et aux pays emprunteurs (surtout les pays en développement) d'apprécier leur état de solvabilité ou d'insolvabilité. D'ailleurs, l'étude de Reinhart, Rogoff et Savastano a déterminé, sur la période 1979-2002, les pays susceptibles de défaut de paiement et les régions à risque( cf. tableau en annexe)

On peut y ajouter d'autres facteurs tels que le degré de dollarisation, le taux d'intérêt à court terme et la structure de la maturation de la dette.

Pour d'autres économistes, « la soutenabilité de la dette publique est aussi bien fonction de la solvabilité que de la liquidité de la monnaie de transaction de la dette, qui peuvent, soit survenir indépendamment l'une de l'autre, soit survenir comme résultante de l'autre ». A cet égard, Jacquet et Sévérino (2004) « évoquent que la quasi – absence d'instruments de financement à long terme en monnaie locale, dans les pays émergents, les conduit à s'endetter à long terme en devises et à supporter un risque de change potentiellement dévastateur, en cas d'effondrement brutal de la monnaie nationale ».

Et les imperfections de l'information « dans les pays en développement peuvent favoriser les phénomènes de contagion et empêcher d'établir un diagnostic fiable ». Reinhart (2002) établit une relation étroite entre la crise de la monnaie et la probabilité de défaut dans les marchés émergents.

Obstfeld(1985), Cole et Kehoe (1996, 1998, 2000), Cohen et Portes(2003), dans leurs modèles, parlent « de crises d'endettement auto-réalisatrices, à savoir une crise de confiance déclenchée par des indicateurs de fragilité du pays (faiblesse des fondamentaux et déficit primaire) qui provoque une crise de liquidité qui, à son tour, conduit à une difficulté de solvabilité ». Ils expliquent, dans leurs modèles, que les crises de confiance sont provoquées par le comportement des investisseurs. Ils relèvent également que le tiers des crises d'endettement enregistrées, dans les années 1990, sont principalement dues à l'existence de spread de taux élevé. En matière de crise de confiance, l'agence de notation Standard and Poor's (2007) privilégie les facteurs qualitatifs tels que « les chocs de crédibilité, les anticipations auto-réalisatrices, les chocs politiques et les distorsions microéconomiques » comme facteurs principaux des crises de la dette.

A partir du modèle du comportement des investisseurs, Weber (2005) explique « l'effet boule de neige de la dette : une hausse de l'aversion au risque des investisseurs augmente les primes de risque et durcit la contrainte budgétaire de la dette souveraine, et le refinancement à des taux élevés, entraine, au cours de la période suivante, une hausse du stock de la dette susceptible de déclencher une dynamique de la dette déstabilisatrice ».

Colmant (2008), lui, parle également de l'effet boule de neige en matière de crise d'endettement provoqué par l'existence de contraintes économiques (…) conduisant à un déficit budgétaire et à un endettement important, et ensuite, « à un cercle vicieux » de gestion de la dette (d'où l'effet boule de neige).

Oosterlinck (2005) soutient que l'instabilité politique est un facteur important dans les situations de défaillance, donc de défaut de paiement des pays comme ce fut le cas au Brésil, au Chili, en Grèce, en Espagne et en Turquie, quand Manasse, Roubini et Schimmelpfennig (2003) disent que « la période des élections présidentielles accroit la probabilité, pour un pays, de rentrer dans une crise de défaut ».

De tout le développement qui précède, tant du point de vue théorique qu'empirique, le taux d'endettement maximum de 70 %, imposé dans les pays de l'UEMOA, ne peut être véritablement retenu comme principal critère de l'endettement. Il ne peut, non plus, être applicable à tous les pays membres dont l'état des économies, la structure de la dette, la solidité (ou la fragilité) des fondamentaux, la crédibilité etc. diffèrent d'un pays à l'autre. Le taux d'endettement est donc loin d'être la seule véritable source des crises de la dette - si elle en est une - tout un ensemble de facteurs importants des crises d'endettement des pays ayant été identifiés par la théorie économique et confirmés par les données empiriques.

Par ailleurs, il faut relativiser l'impact négatif de l'accumulation de la dette extérieure sur les sources de financement externes. En effet, William Cline (1984) nuance les effets de l'accumulation de la dette extérieure sur les sources de financement bancaire privées des économies des pays endettés à cause des phénomènes du « moral hazard » (aléa de moralité) et de « adverse selection » (sélection défavorable) auxquels débiteurs et créanciers ont dû faire face pendant la grave crise de l'endettement international des années 1980 et 1990.

En réalité, les débiteurs, c'est-à-dire les pays lourdement endettés, n'osaient déclarer le défaut de paiement pour éviter que cela ne conduise à fermer totalement le robinet du financement international de leurs économies en difficulté financière. Le Pérou en 1986, la Côte d'Ivoire et le Brésil en 1987, avaient seulement décidé des moratoires sur le paiement partiel ou total de leur dette extérieure. Ils craignaient « leur éviction des systèmes de crédit commerciaux à court terme qui sont essentiels à leurs échanges commerciaux avec l'extérieur ».

Dans leurs modèles de répudiation, Aeton et Gerovitch (1981) expliquent bien que « les pays débiteurs craignaient une double sanction de la part de leurs propres créanciers et de la communauté financière internationale tout entière ».

Sur le plan intérieur, ils voulaient éviter la perte de leur crédibilité sur le marché financier interne qui pourrait provoquer une hausse du taux d'intérêt sur la dette domestique.

De leur côté, les créanciers, à travers le principe de rééchelonnement et de conversion de la dette (Plan Baker, Plan Brady, Club de Paris, Club de Londres), les divers mécanismes de réduction de la dette (Plan Brady, Termes de Torronto, Termes de Napples, PPTE), les opérations de vente et de rachat sur le marché secondaire de la dette à partir de 1985, le provisionnement pour créances douteuses (par les banques privées), contribuaient à résoudre le problème de la dette. Mieux, les créanciers, y compris privés, continuaient à prêter aux pays débiteurs, même lourdement endettés pour leur permettre d'éviter la répudiation ou le défaut de paiement. William Cline(1984) a expliqué la rationalité de leur comportement :

Soit, $P_o$, la probabilité de défaut avant le nouveau financement

$P_t$, la probabilité de défaut après le nouveau financement

L, la valeur monétaire du nouveau prêt

D, le stock d'endettement préalable au nouveau financement

E(B), le bénéfice anticipé

E(C), le coût anticipé du nouveau prêt

N(B), le bénéfice net du crédit additionnel.

Le bénéfice anticipé se calcule de la façon suivante :

$$E(B) = (P_o - P_1)\, D$$

Le coût anticipé du nouveau prêt est égal à

$$E(C) = P_t \,.\, L$$

Alors, le bénéfice net du crédit additionnel, exprimé en pourcentage, s'écrit comme suit :

$$N(B) = E(B) - E(C) = P_o - P_t(1 + L / D) \text{ X } 100$$

Ainsi l'intérêt pour les créanciers à accorder un nouveau crédit est fonction de la probabilité de défaut avant et après accord pour celui-ci et de la dette existante.

Si $P_o$ est élevé et $L/D$ est faible, le système bancaire (créancier) sera d'autant plus incité à injecter d'argent frais dans l'économie donc à accorder davantage de crédit que $P_t$ sera moindre.

En conséquence, la situation de surendettement d'un pays ne conduit pas nécessairement au tarissement du financement extérieur de son économie. L'exemple, c'est le cas de la crise mexicaine de 1982 au cours de laquelle les banques créancières continuèrent d'accorder de nouveaux prêts au pays, malgré son endettement déjà très élevé parce que, justement, même si $P_o$ (la probabilité de défaut de paiement avant le nouveau financement) était élevé, $P_t$ ( la probabilité de défaut de paiement après le nouveau financement) était faible et $L / D$ ( le rapport valeur du nouveau crédit sur stock de la dette avant le nouveau crédit) était très faible puisqu'il ne représentait que 7% du total de sa dette.

### *2.4.4. Le maintien du taux d'inflation à 3 %*

Le taux d'inflation maintenu à 3 % dans l'UEMOA par la pratique d'un taux directeur élevé (donc répressif), par référence à la courbe de Phillips, crée en contrepartie, du chômage dans l'union ; en Afrique, le taux de chômage moyen de 13% est particulièrement élevé, malgré une situation inflationniste persistante (cf. document CNUCED). Or, le plein-emploi ou le taux de chômage moyen au voisinage du plein-emploi (entre 3 % et 5 % ), le taux d'inflation moyen en dessous de 3% et le taux directeur de la FED ( la banque centrale américaine ) variant entre 0,09% et 4,25 % aux USA depuis 1995, confirment la thèse monétariste que la courbe de Phillips ne joue pas, à long terme et prouvent qu'il est possible d'obtenir un taux d'inflation bas par la pratique d'un taux directeur bas, non répressif qui stimule l'investissement , donc la croissance économique.

### *2.4.5. La pression fiscale communautaire de 17 %*

La pression fiscale de 17 % comme taux de convergence, pour les pays membres de l'UEMOA, exerce une pression trop forte sur leurs économies et engendre une ponction trop élevée sur les richesses créées par les agents économiques dans un espace économique où le taux directeur de la banque centrale (BCEAO) a été répressif (atteignant parfois 14,5% en 1994) et demeure relativement élevé malgré une certaine atténuation depuis 2013 (avec un niveau variant entre 3,75 % et 6,75 %).

Le ratio solde budgétaire/ PIB ne peut prospérer pour non-sens en termes de rationalité économique.

Le plafonnement de 35 % de la masse salariale par rapport au budget total comprime le PIB et pénalise les salariés quand le plafond de 70 % d'endettement prive les économies de potentielles sources de financement extérieur et crée des situations de sous-emploi des facteurs de production. La pression fiscale de 17 % semble excessive pour des économies souvent réprimées.

Ces critères ne peuvent donc être retenus comme de bons critères de convergence macroéconomique pour la formation d'une zone monétaire efficiente.

## 2.5. Les coûts et bénéfices

Selon la théorie économique traditionnelle, former une zone monétaire optimale implique la mise en place d'un processus en vue d'optimiser les bénéfices et coûts de cette zone monétaire. Même si l'analyse coûts/ bénéfices permet d'évaluer, dans une certaine mesure, les implications de la formation d'une zone monétaire, force est de reconnaître que les résultats demeurent nuancés, parce que, d'une part, « ni la théorie ni les études empiriques n'apportent, clairement et de façon très significative, de preuve concernant le solde entre coûts et bénéfices d'une zone monétaire », et d'autre part, certains critères sont difficilement quantifiables.

### *2.5.1. Les avantages ou bénéfices de la ZMO*

#### *2.5.1.1. L'accroissement de la valeur de la monnaie.*

L'existence de la zone monétaire permet l'accroissement et la stabilité de la valeur liquide de la monnaie, dans ses fonctions de réserve de valeur, de moyen d'échange et de mesure de la valeur. En effet, la fonction de réserve de valeur étant intrinsèquement liée à celle de moyen de paiement, « la valeur de la monnaie devient nulle si elle ne peut être échangée contre des biens marchands ». Or, les taux de change volatiles réduisent la valeur de la monnaie en tant que réserve de valeur. L'abandon de leurs monnaies nationales, par les pays membres d'une zone monétaire, permet d'échapper dans la zone, au risque de réduction de la valeur de leur monnaie devenue commune.

Sur le plan microéconomique, Mundell (1969, 1997) a donné des explications et identifié d'autres facteurs qui sous-tendent les zones monétaires relativement larges :

— l'efficacité de la monnaie, dans ses fonctions de moyen d'échanges et d'unité de compte, qui augmente quand le nombre de monnaies en circulation diminue dans le régime de change flexible ;

— les coûts de transaction et d'informations monétaires qui augmentent avec l'existence d'un plus grand nombre de monnaies ;

— un grand nombre de petites zones monétaires pouvant conduire à une multitude de faibles marchés de change, facilitant ainsi la tâche aux spéculateurs d'impacter fortement le prix du marché, c'est-à-dire le taux de change, rendant par la même occasion, la politique monétaire plus difficile à conduire ;

— le cas de taux de change flexible (avec l'existence ou non d'union monétaire) « impliquant que les agents économiques, dans l'économie donnée, accepteraient les variations de leurs revenus réels, à travers une variation du taux de change, mais n'accepteraient pas les modifications de leurs revenus réels provoquées par des ajustements de leur taux de salaire nominal dus à la variation du niveau général des prix ».

— dans une zone monétaire s'élargissant moins et s'ouvrant davantage au commerce, l'hypothèse de l'illusion monétaire devient de plus en plus fragile puisque la part des importations dans la consommation totale augmente.

La réduction du risque de change est un autre avantage que la création ou l'existence de la zone monétaire optimale confère aux pays membres. En effet, l'étendue de la zone monétaire allant au-delà de celle d'un seul pays, « la taille des marchés s'élargit, davantage d'agents économiques y font usage de la monnaie commune qui gagne en valeur en tant que moyen d'échange » (Saïd Drissi El Bouzaidi, 2006).

Par ailleurs, la zone monétaire impliquant davange de diversification de la production économique, la possibilité pour son économie de pouvoir répondre à ses propres besoins par ses propres moyens monétaires et autres, devient nettement plus élevée. D'où le faible l'enjeu par rapport au risque de change qui ne saurait, dans ces conditions, inciter à augmenter des taux d'intérêt pour attirer des investissements étrangers, comme c'est le cas dans une économie de dimension plus réduite, hors de la zone monétaire.

*2.5.1.2. La stabilité du taux de change et la compétitivité des prix*

Dans la zone monétaire, les prix deviennent plus transparents grâce à la comparaison de prix relatifs et à la réduction des discriminations et à une diminution de la segmentation des marchés. L'économie devient plus compétitive, et les consommateurs en bénéficient.

*2.5.1.3. L'élimination des coûts de transaction et de change*

Un des avantages les plus explicites qui est, par ailleurs, facilement quantifiable dès qu'une union monétaire est formée, est sans conteste, l'élimination des coûts de transactions et de conversions. En fait, les agents économiques des pays membres de l'union monétaire économisent énormément, à l'occasion des transactions et des opérations de change, en termes de coûts de transactions et de conversions de l'une à l'autre de leurs anciennes monnaies respectives, puisque tout le monde fait usage de la monnaie unique de la zone monétaire.

La stabilité de taux de change conduit également à une baisse des coûts liés aux transactions et au hedging. Or, la formation de zone monétaire optimale engendre une stabilité du taux de change.

Pour Obstfeld et Rogoff (1996), les principaux avantages qu'apporte la formation d'une zone monétaire à ses membres sont :

— une plus grande prédictibilité des prix relatifs en matière de business pour les entreprises au sein de l'union monétaire ;

— une opportunité de s'abriter contre les perturbations monétaires et les bulles spéculatives qui, autrement, conduiraient à des fluctuations temporaires et non nécessaires de taux de change ;

— un degré moindre de pression politique en cas de larges variations de taux de change ;

— la réduction des coûts de transactions.

Fratianni et Von Hagen (1990) ont, auparavant, démontré que « plus le commerce dans une zone monétaire est concentré, plus importantes sont les économies de coût de transaction » de sorte que les agents économiques en profitent sur le marché communautaire des biens et services.

*2.5.1.4. Le risk-sharing*

La théorie du « risk-sharing » qui introduit le partage des risques comme un avantage pour les pays membres de la zone monétaire, a été formulée par B. Asdrubali, E. Sorensen et O. Yosha (1996). En effet, le risk-sharing « suppose que l'intégration financière permet aux ménages de limiter l'impact négatif d'un choc spécifique s'ils disposent de revenus provenant des régions ou pays n'ayant pas été atteints par le choc. Le partage des risques transite donc par la détention de titres dans d'autres régions ou pays ». En absence de transferts budgétaires, le risk-sharing peut, comme les autres facteurs, justifier l'existence ou la formation d'une zone monétaire dans la mesure où les transferts réalisés par les marchés pourraient compenser le manque de transferts des Etats. Mais, « pour que ce mécanisme soit opérationnel, il est nécessaire que les marchés financiers fonctionnent correctement, que les ménages soient des optimiseurs rationnels et disposent d'une importante épargne financière ». Or, tel n'est pas toujours le cas (M. Clevenot et V. Duwiquet, 2011) d'autant plus que l'épargne des ménages « est essentiellement immobilière et que sa composante en valeurs mobilières est principalement d'ordre interne. De plus, les marchés sont myopes et peuvent être à l'origine de la formation de bulles spéculatives et de chocs macroéconomiques majeurs ». Ainsi de partage de risques pour en alléger l'impact individuel, on en arrive, plutôt dans certaines périodes, à leur formation et diffusion avec des effets nocifs sur l'économie de la zone monétaire.

*2.5.1.5. La baisse de la volatilité liée à la spéculation*

Dans la zone monétaire, la spéculation potentielle qui existait avant la formation de celle-ci disparait. Avec l'existence de la zone monétaire, l'impact de la spéculation devient moindre compte tenu de la taille du marché devenu plus grand. De ce point de vue, même un choc externe devient plus supportable. La formation ou l'existence de zone monétaire réduit aussi la volatilité des prix ainsi que la possibilité pour les spéculateurs d'influencer les prix pour perturber la politique monétaire.

La baisse de la volatilité résultant de la spéculation, dans une zone monétaire, présente deux avantages : la faible probabilité de diminution de la valeur de la monnaie qui réduit le risque de change ; les « profits des spéculateurs internes représentent les pertes des entreprises privées domestiques ou de l'Etat, sous forme de réserves du marché des changes réduits », dans la mesure où la spéculation sur le marché des changes peut être considérée comme un jeu à somme nulle.

La spéculation de George Soros, en 1992, contre la livre sterling, la monnaie britannique – que certains économistes considèrent comme une des causes lointaines probables de la sortie de la Grande Bretagne de l'Union Européenne, est l'exemple même des effets dévastateurs de la spéculation. Jugeant la livre sterling surévaluée, il en emprunta une importante quantité au Royaume - Uni pour acheter des dollars américains au point que les réserves du marché des changes, devenues dangereusement basses, provoquèrent une dépréciation de cette monnaie. Le spéculateur profita alors de la baisse de la valeur de la livre sterling en fonction de la valeur du dollar américain en vendant ses livres sterling qu'il détenait.

Cet exemple montre, à la fois, le degré de l'impact négatif de la spéculation et atteste de la nécessité, pour les pays, de réduire ses potentiels effets sur leurs économies, en se protégeant, un peu plus, grâce à leur adhésion à une zone monétaire.

*2.5.1.6. L'augmentation de la croissance économique*

La théorie néoclassique de la croissance économique et « ses extensions aux dynamiques d'économies d'échelle » explique que l'élimination du risque de change conduit à une accélération de la croissance économique. Or, l'unification monétaire entraine une réduction du risque systémique de sorte à faire baisser le taux d'intérêt réel qui, à son tour, provoquera une accumulation de capital, donc, une augmentation de la production en même temps qu'une baisse de la productivité du capital (selon la théorie néoclassique). Mais, la théorie de la croissance endogène assure que la productivité du capital augmente grâce à la dynamique endogène des effets d'apprentissage, des infrastructures publiques, de l'accumulation de connaissances et de progrès technique. Ainsi la zone monétaire conduit à une augmentation de la croissance économique.

*2.5.1.7. Les gains en termes de crédibilité*

Si, avant la formation de la zone monétaire optimale, des pays candidats, faisaient jusque-là, l'expérience de situations inflationnistes, et donc souffraient de mauvaise réputation de ce fait, ils gagneraient en crédibilité tant au niveau interne qu'externe par leur intégration à la zone, avec un pays d'ancrage anti-inflationniste (Giavazzi et Giovannini, 1989). Pour ce faire, Tavlas (1993) préconise que le pays d'ancrage anti-inflationniste de la zone monétaire préserve son rôle hégémonique dans le nouveau cadre institutionnel que constitue la zone monétaire formée.

*2.5.1.8. Les externalités externes positives*

Sur le plan des relations avec l'extérieur, les pays membres d'une zone monétaire optimale bénéficient de la réduction des coûts de transaction (comme nous l'avons déjà indiqué) due à une plus large circulation de la monnaie commune, ont besoin de moins de réserves et font face à une coordination internationale simplifiée.

*2.5.1.9. Le seigneuriage international*

Les pays membres de la zone monétaire tirent également un avantage, sur le plan extérieur : ils engrangent des revenus de seigneuriage international, puisque le seigneuriage représente la possibilité pour un Etat, d'acquérir des ressources par le biais de l'impression de monnaie.

### 2.5.2. Les coûts de la ZMO

*2.5.2.1. L'abandon de l'instrument de change*

Même si De Grauwe (2000) considère que les variations de taux de change nominal ont seulement des effets temporaires sur la compétitivité de l'économie d'un pays, et que selon la théorie classique, la politique de change n'a pas d'effet sur les variables réelles, le taux de change n'en demeure pas moins un élément correcteur des perturbations de la demande, des coûts et des prix. Encore qu'à court terme, l'instrument de change exerce une influence sur l'output et la compétitivité. A l'opposé d'une politique de réduction des dépenses publiques, la politique de change agit plus rapidement puisque les prix et les salaires ne sont toujours pas totalement flexibles. De plus, la politique du change permet à un pays de se protéger des effets déflationnistes sur l'output national.

En conséquence, la perte de l'usage de l'instrument de change, à l'occasion de la création d'une zone monétaire, constitue pour les Etats membres, un coût élevé.

*2.5.2.2. La perte de la souveraineté monétaire*

L'intégration monétaire provoque, dans les pays membres, l'abandon de la souveraineté monétaire, donc la perte de contrôle sur la politique monétaire nationale. Ceci les empêche d'agir « sur la stabilisation des cycles conjoncturels ». Il en résulte une fluctuation cyclique probablement plus forte qui s'aggrave avec l'asymétrie des chocs par rapport aux autres pays membres.

En cas de rigidité de salaires et de prix nominaux dans un pays membre, ce dernier pourrait faire face à un chômage frictionnel plus élevé dès l'instant où la zone monétaire connait un taux d'inflation bas.

Mais, à partir de la remise en cause de la stabilité de la courbe de Phillips, des monétaristes relativisent les coûts consécutifs à l'abandon de la souveraineté monétaire. En considérant que les travailleurs négocient les salaires en termes réels (et non nominaux), la courbe de Phillips devra tenir compte des anticipations d'inflation. Par conséquent, les changements de politique ainsi anticipés n'auront aucun effet sur les variables réelles (McCallum, 1989).

Avec l'introduction du taux de chômage naturel (en remplacement de la courbe de Phillips), même si « les autorités ont du mal à choisir une combinaison optimale de chômage et d'inflation, en général, elles choisissent plutôt le niveau d'inflation que celui du taux de chômage (ou d'activité économique) (Artis, 1991) qui est défini par le taux de chômage naturel, et est indépendant de l'inflation. Ceci implique une courbe de Phillips verticale à long terme sur le niveau de chômage naturel ». Ainsi, la relation positive entre inflation et activité économique est remise en cause. Or, si à long terme, le trade-off entre inflation et chômage n'existe pas, naturellement, il n'en résulte pas de coûts de l'absence de possibilité de définition de la combinaison optimale entre inflation et chômage, mais seulement à long terme, puisqu'à court terme, les effets liés à la courbe de Phillips subsistent.

Mais, le coût de l'abandon de la souveraineté monétaire d'un pays membre est fonction de l'efficacité de la politique monétaire. Alésina, Barro et Tenreyero (2002) argumentent que plus l'association des chocs est élevée, plus bas seront les coûts relatifs à la perte de l'indépendance monétaire. Calvo et Reinhart (2002) assurent que si un pays n'est pas en mesure d'utiliser de façon adéquate la politique monétaire, le coût de la perte de sa souveraineté monétaire n'est pas très élevé.

#### *2.5.2.3. Les coûts liés à l'existence d'institutions différentes sur le marché du travail*

Dans l'union monétaire, l'existence de différences institutionnelles sur le marché du travail peut provoquer des variations de salaires et de prix divergentes, même en temps de chocs similaires. Bruno et Sachs (1985) constatent que « les chocs d'offres ont des conséquences macroéconomiques différentes selon le degré de centralisation des négociations salariales. ». En cas de négociations centralisées de salaires, les syndicats ont tendance à prendre en compte les effets inflationnistes de l'augmentation des salaires et ne revendiquent pas de variations excessives, pour éviter de provoquer de l'inflation. Le choc d'offre sera de courte durée et aura des effets moins perturbateurs sur l'économie.

En négociations décentralisées (par syndicat ou par firme), les syndicats, conscients que les variations salariales auront un impact direct sur la compétitivité de la firme et les perspectives d'emplois, revendiquent également des variations moins excessives.

Dans les deux cas de figure ci-dessus, les revendications salariales sont moins excessives. Calmfors et Driffill(1988) en tirent la conclusion « que les pays membres de l'union monétaire, pourvus de système de négociations salariales polarisées (centralisées ou décentralisées), sont mieux équipés pour faire face à des chocs d'offres qu'un pays membre de l'union monétaire ayant un système intermédiaire ». Un tel pays aura davantage de problèmes à réduire l'inflation sans accuser de pertes d'output, suite aux chocs d'offre. Le même choc peut donc provoquer des hausses de prix et de salaires plus ou moins fortes. « Une telle réaction divergente face à un même choc complique la stabilisation du choc et ce, d'autant plus que les taux de change sont fixes (De Grauwe, 2000) ».

Le raisonnement ci-dessus est basé sur « La courbe Calmfors – Driffill » qui établit une corrélation entre le degré de négociation collective de salaire et le niveau de chômage dans un pays. Selon Calmfors et Driffill (1998), lorsque « la taille d'un syndicat croit, le niveau de chômage augmente, puis décroit quand le syndicat commence à exercer un pouvoir de monopole », ce qui donne la courbe Calmfors – Driffill, ci-dessous :

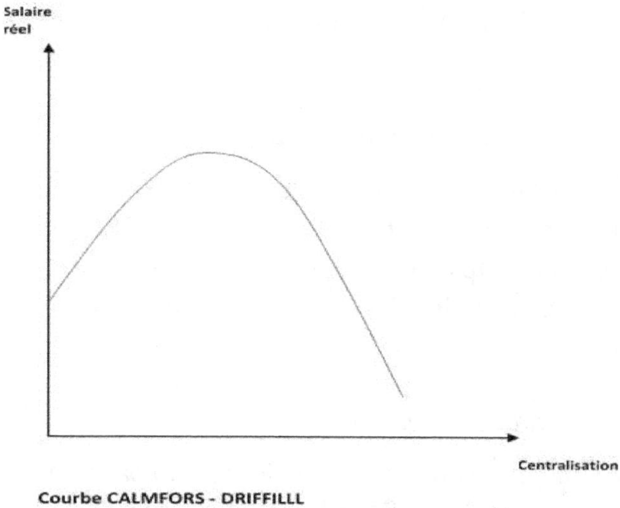


**Courbe CALMFORS-DRIFFILL**

La logique de cette courbe est tirée de l'idée de Mancur Olson (1996) qui soutient que « les intérêts organisés sont à leur coût le plus élevé (le plus nocif) quand ils n'internalisent pas une partie significative des coûts imposés à la société ».

### *2.5.2.4. Les coûts de transition*

La formation de la zone monétaire optimale comporte un ensemble de coûts que l'on peut qualifier de coûts de transition, tels que :

— les coûts de l'impression et la fonte d'une nouvelle monnaie (coinage costs);

— les coûts de création d'une nouvelle autorité monétaire supranationale ;

— les coûts d'ajustement (coûts psychologiques des consommateurs, ajustements nécessaires de la part des entreprises et des marchés).

De plus, le choix de la parité du taux de change de la nouvelle monnaie commune, au début du fonctionnement de la zone monétaire optimale, peut s'avérer, soit trop compétitif pour certains pays membres, soit pas assez compétitif pour d'autres pays membres. Dans l'un ou l'autre cas de figure, les pays membres concernés subissent des coûts.

*2.5.2.5. La perte de l'utilisation de l'impôt-inflation*

Les néo-classiques soulignent, comme autre coût de l'intégration monétaire, la perte de contrôle sur « l'impôt- inflation, dans la mesure où les pays membres de l'union monétaire ne peuvent plus, individuellement, « égaler les coûts marginaux de l'impôt et de l'inflation ».

*2.5.2.6. Les externalités négatives externes*

Dans une zone monétaire optimale, lorsqu'un pays ou plusieurs pays membres connaissent des déficits budgétaires énormes et que pareilles dettes doivent être monétisées, la zone connaitra inévitablement une hausse de taux d'intérêt et une perte éventuelle de confiance internationale dans la monnaie commune. Les coûts seraient alors extrêmement élevés pour les pays membres qui, naguère - avant l'intégration monétaire - bénéficiaient de la crédibilité de monnaies stables.

*2.5.2.7. Les chocs symétriques et asymétriques*

Les économistes ont identifié des types de chocs en termes de coûts auxquels les pays membres d'une zone monétaire optimale font face : les impacts des chocs sur le taux de change, l'effet des chocs asymétriques, l'impact des chocs symétriques avec des effets asymétriques et la préférence en matière de choix de politique économique (Balwin, 2013).

2.5.2.7.1. Les chocs et leurs impacts sur le taux de change.

Quand la demande extérieure pour les exportations d'un pays baisse, il y a alors nécessité de rendre ses exportations moins chères. Il faut donc réduire les prix et les salaires. La baisse des prix et des salaires pourrait rencontrer de la résistance au niveau interne ; il pourrait en résulter aussi une dépréciation de la monnaie ; autres externalités négatives, c'est que la compétitivité engendrée par la baisse des prix peut être captée par le taux de change réel dans deux cas : dans le premier cas, le taux de change nominal peut varier à la baisse si les prix sont flexibles, auquel cas, l'effet à court terme c'est de réduire la production( output), et le taux de change réel se dépréciera ; dans le second cas, si au contraire, le taux de change est fixe et les prix sont rigides, il s'exerce une pression sur l'économie qui réduit beaucoup plus fortement la production(output) de sorte qu'une récession se propagera jusqu'à ce que les prix finalement baissent.

Pour un pays qui partage une monnaie commune avec d'autres pays, il n'y a pas de solution de rechange à une réduction des prix et des salaires pour réaliser l'ajustement du taux de change réel. Ceci constitue un coût social significatif.

#### 2.5.2.7.2. Le coût des chocs asymétriques

Quand un pays non - membre d'une union monétaire fait face à un choc négatif, la dépréciation du taux de change de sa monnaie ne peut qu'être effective. Si le pays appartient à une zone monétaire, l'ajustement du taux de change est fait par la banque centrale, soit en dépréciant le taux de change commun selon les besoins du pays en question, soit en maintenant le taux de change inchangé, soit en laissant le taux de change se déprécier jusqu'à un niveau intermédiaire (Baldwin, 2013). Dans le premier cas, l'autre pays partenaire fera potentiellement face à un excès de demande inflationniste. Dans le second, le premier pays en question sera confronté à un excès d'offre quand le niveau intermédiaire du taux de change, dans le troisième cas, entrainera un excès d'offre dans le pays en question, et un excès de demande dans l'autre pays - membre.

#### 2.5.2.7.3. Les chocs symétriques à effets asymétriques

Deux pays ne réagissent pas de la même façon face à un choc à effet asymétrique parce qu'ils ne subissent pas les coûts de la même façon. Or, la réaction dépend du marché du travail, de la réglementation, de l'importance du secteur industriel, de l'état d'endettement et des rapports de force en matière de négociation entre partenaires sociaux, et entre partenaires sociaux et gouvernements.

De même, la réaction de la banque centrale à un choc symétrique peut avoir des impacts asymétriques à cause de l'existence de différentiation de structure des banques ainsi que du marché financier et de leur capacité à emprunter.

*2.5.7.8. Les coûts en termes de préférence de politique économique.*

La politique monétaire commune conduite par la banque centrale communautaire comporte un coût pour les états - membres de la zone monétaire optimale, selon qu'elle permet de contenir l'inflation ou de réduire le chômage, selon qu'elle favorise les exportateurs avec un faible taux de change ou les consommateurs avec un taux de change fort. Les coûts donc varient selon la préférence en matière de choix de politique publique à conduire.

Malgré son impact certain sur l'économie, la formation de zone monétaire a fait l'objet d'un certain nombre de critiques.

Krugman (1995) relève que l'ouverture de marché (sur l'extérieur) pouvant conduire à la spécialisation de la production, les autres pays, partenaires commerciaux ou non de la zone monétaire, pourraient très bien regrouper leurs industries « pour bénéficier d'effets d'économie d'échelle et concurrencer les pays membres de la zone monétaire ».

Malgré une abondante littérature sur le sujet, le même Krugman (1995) observe que la théorie de la zone monétaire optimale s'est davantage concentrée sur les coûts de l'ajustement de la balance des paiements (donc sur les effets macroéconomiques) en régimes de change fixe ou flexible, explorant très peu les bénéfices et coûts au niveau microéconomique.

Les keynésiens et postkeynésiens eux, remettent en cause « l'existence d'une monnaie régulée par une autorité monétaire internationale qui n'a pas l'autorité fiscale nécessaire ». En effet, pour eux, la politique fiscale est le moyen le plus efficace pour lutter contre le chômage. Or, dans une zone monétaire, les leviers fiscaux peuvent être interdits à un Etat membre, à travers une limitation de déficits, par exemple, au niveau communautaire.

Par ailleurs, l'analyse coût/bénéfice qui permet d'apprécier les avantages d'une zone monétaire, donne des résultats plus ou moins nuancés : « Neither the theory nor the empirical work provides clear evidence on the balance of those costs and benefits ». De plus, certaines des données sont difficilement quantifiables.

Blanchard et katz ( 1992) ont démontré, dans une étude , qu'aux Etats-Unis, les chocs asymétriques sur l'emploi sont « en grande partie absorbés par la migration interne de la main d'œuvre : la baisse d'un point de la demande de travail dans une région se traduit à l'horizon d'un an, par une migration nette de 0, 65 point, une baisse du taux d'activité de 0, 05 et une hausse du chômage de 0,30. Après sept ans, on observe un retour à l'équilibre tant du taux de chômage que du taux d'activité économique. » . Selon ces auteurs, cet ajustement est presqu'inexistant dans la zone euro avec un taux de migration inter-régionale de 1% contre 2% à 3% aux Etats-Unis. Le différentiel de taux de migration est dû aux rigidités et cloisonnement des marchés et aux facteurs culturels et linguistiques dans l'Union Européenne.

Les keynésiens et néokeynésiens ont relevé le fait que la fiscalité jouant un rôle majeur, séparer la gestion fiscale de la monnaie pose problème. Or, dans une union monétaire, la monnaie est régulée par une autorité internationale, en l'occurrence, la banque centrale communautaire, alors que la politique fiscale relève du domaine de l'autorité fiscale nationale. De plus, ils considèrent non seulement que la politique fiscale est plus efficace que la politique monétaire, mais dénoncent la perte de la souveraineté que l'union monétaire provoque.

# CHAPITRE DEUXIEME :

# LES ZONES MONETAIRES EN AFRIQUE

Alors que la théorie économique explique qu'il est plus avantageux pour tout pays de former une zone monétaire optimale avec d'autres pays, certains économistes, raisonnant ex-ante, préconisent des effets contraires pour l'Afrique. Dans ce chapitre, nous réfuterons d'abord les arguments de ces économistes, puis nous présenterons les avantages de la zone monétaire CEDEAO et de la ZMA avant de déterminer les conditions d'intégration réussie de la ZMA dans le système monétaire international

## I. LES FAIBLESSES ACTUELLES DES ZONES MONETAIRES AFRICAINES ET LES PERSPECTIVES ENCOURAGEANTES

### 1.1. Les faiblesses des zones monétaires africaines

Des économistes, soit à partir des données statistiques concernant les agrégats et indicateurs économiques en Afrique, soit à partir de tests économétriques, ont soutenu que l'Afrique n'a pas intérêt à créer des zones monétaires optimales parce que, dans les expériences existantes de zones monétaires optimales ou d'unions monétaires, les critères d'optimalité n'ont pas été ou ne peuvent pas être réalisés.

En Afrique, de façon générale, la mobilité du facteur travail reste à réaliser, selon ces économistes, car « le critère de mobilité des travailleurs y est partiellement ou imparfaitement satisfait. Par exemple, Il existe un flux important de travailleurs peu ou moyennement qualifié vers la République Sud-Africaine en provenance des autres pays de la SADC, surtout des pays de la CMA » (Wang et Al, 2007). Quand la mobilité est réelle, comme en Afrique de l'Ouest (Houssa, 2008), « elle est contrariée par des entraves bureaucratiques ainsi que par des conflits militaires, des tensions sociales et politiques ou des changements économiques » (Masson et Patillo, 2005)

Pour d'autres économistes, le faible taux du commerce intra-zone de 4,7% et 12% des exportations respectivement de La CEMAC et de l'UEMOA, sur la période 1960-2004, ne permet pas une réduction significative des coûts de transaction (Tavlas, 2009,) telle que préconisée par la théorie. Cette faiblesse du commerce intra-zone existe ailleurs en Afrique, dans la ZMAO, l'EAC, la SADC (Alagidede et al, 2008, Buigut et Valev, 2005 et Tavlas, 2005), à l'exception de la CMA plus intégrée commercialement.

Plus récemment, à partir de tests économétriques, Lanciné Condé (2013), dans sa thèse de doctorat en économie, parle d'absence de réduction substantielle des coûts de transaction en Afrique.

A l'exception de la CMA (Wang et al, 2007), André Musungaie ( 2010) relève que « l'intégration financière est presqu'inexistante dans les pays de la SADC, car plusieurs pays membres conservent encore des mécanismes de contrôle de change comme l'ensemble du continent africain » quand, au sein de la zone CFA, Eboué (2007) constate que, malgré « le principe de libre circulation des capitaux, les marchés financiers et de crédit ne sont pas bien intégrés, les systèmes bancaires nationaux sont peu développés et ont tendance à être segmentés ». La non-diversification des exportations (constituées surtout de produits primaires) dans la presque totalité des pays africains et la grande variété des produits d'un pays à l'autre, expliquent l'asymétrie des chocs et le manque de synchronisation des termes de l'échange en Afrique (Benasy - Quéré, 2005). Wang et al (2007) « trouvent qu'au sein de la CMA, les chocs des termes de l'échange ne sont pas bien corrélés » quand Buiter et Valev (2005) et Kishor N. Kundan et Ssozi (2009) concluent que l'AEC n'est pas une zone monétaire optimale » en se basant, d'une part, « sur le caractère asymétrique et faiblement corrélé des chocs d'offre et de demande, et d'autre part, sur la faible synchronisation des cycles de production ». Masson et Patillo (2005) eux, notent la faiblesse du coefficient de corrélation des chocs des termes de l'échange dans l'UEMOA et dans la CEMAC. Par ailleurs, « les chocs régionaux, censés traduire le caractère optimal d'une zone monétaire optimale, sont moins prépondérants en Afrique, contrairement aux chocs spécifiques aux pays » selon Zhao et Kim (2009).

**1.2. Les perspectives encourageantes**

De façon générale, les obstacles au processus de création de zones monétaires en Afrique ne semblent pas insurmontables.

La mobilité partielle ou imparfaite du facteur travail et son manque de qualification peuvent être considérablement améliorés, dans le temps, avec le respect strict des accords communautaires et davantage d'investissements dans le capital humain au sein des espaces économiques (SADC, COMESA, CEDEAO, ZLECA) et ailleurs en Afrique, dans le cadre des futures zones monétaires.

Les entraves administratives aux mouvements du facteur travail s'amenuiseraient pour finalement s'arrêter et ne plus se reproduire, puisque tous les pays - membres d'une même zone monétaire sont contraints et soumis à la libre circulation des facteurs de production.

Les conflits militaires, les tensions sociales et politiques et les changements de systèmes économiques (presqu'inexistants aujourd'hui en Afrique) auxquels font allusion Masson et Patillo (2005) peuvent être réglés parce que, d'une part, il y en a de moins en moins dans l'Afrique du XXI nième siècle grâce au renforcement des pouvoirs (d'ingérence) des institutions politiques et économiques aussi bien au niveau africain qu'au niveau international ( O.N.U à travers le Conseil de Sécurité, l'Union Africaine, la Ligue Arabe, la CEDEAO, l'UEMOA, la CEMAC, etc.), et d'autre part, les zones monétaires optimales permettent de forger une communauté de destin aux populations des pays-membres. Par rapport à l'Afrique des années 1960-1980, il y a eu d'énormes progrès concernant ces différends.

L'instauration et le développement progressif de la démocratie, en Afrique depuis 1990, constituent des facteurs déterminants de lutte contre ces évènements nocifs au développement économique.

Les coûts de transactions élevés, en partie dus à la faiblesse du commerce intra-zone, se réduiront au fur et à mesure de l'évolution des différentes économies africaines et davantage d'ouverture intra – zone, car, comme le notent si bien Alagidele et al (2008), Buiter et Valev

(2005) et Tavlas (2005), le commerce est plus intégré au sein de la CMA.

Les mécanismes de contrôle de change existants, relevés par A. Musungaie (2010) et le faible taux de circulation des capitaux et de crédit et l'étroitesse des marchés financiers constatés par Eboué (2007) en Afrique, s'améliorent au cours du processus du développement économique, et surtout de la construction de zones monétaires telle que prévue par le Traité d'Abuja et entamée avec la création de la ZLECA, le 21 Mars 2018. Or, l'économie est en perpétuel mouvement, la mondialisation est une dynamique irréversible et la création ou le renforcement des zones monétaires optimales sont devenus des processus d'intégration également irréversibles auxquels adhèrent les leaders politiques africains, devenus presque tous panafricanistes.

La logique du cheminement vers le développement (Rostow, 1960) et le processus de transformation dynamique des économies traditionnelles vers l'industrialisation, puis le développement (admis par tous les économistes) constitue de puissants facteurs de transformation qui, d'année en année, améliorent considérablement les structures des économies africaines. La tendance à la transformation, d'une partie plus ou moins importante de leurs produits primaires en produits finis et semi-finis, contribuera à les diversifier davantage et permettra une synchronisation plus forte des chocs, des termes de l'échange et des cycles de produits, ce que relèvent d'ailleurs Zhao et Kim (2009) quand ils parlent « de chocs régionaux moins prépondérants en Afrique ».

Selon la théorie de la zone monétaire optimale, la monnaie commune améliore le commerce régional « puisqu'elle permet d'économiser des coûts de transaction liés aux opérations de change, synchronise les cycles économiques et améliore la stabilité des taux de change et la stabilité macroéconomique ». De plus, elle conduit à davantage de transparence de prix, accroit l'investissement en facilitant la circulation des capitaux et le commerce. A cet égard, et sur la base de données statistiques, Rose (2000) a relevé qu'en Afrique, les pays - membres d'une union monétaire commercent trois fois plus que les pays ayant des monnaies différentes.

M. Obstfeld et K. Rogoff (2000), T. Perron (2001), R. Glick et A. Rose (2002) et R Thom et B. Walsh (2002) ont également confirmé, à partir d'études économétriques, les effets positifs de l'union monétaire sur le commerce.

D'autres auteurs ont relevé, à partir de données empiriques, que l'union monétaire renforce le commerce, dans les pays africains. En effet, Masson et Patillo(2005), C. Tsangarides et al, P. Ewenczik, M. Hulej, et M. Qureshi (2008) affirment que les unions monétaires contribuent significativement à stimuler le commerce en Afrique : « En moyenne, les unions monétaires augmentent le commerce en Afrique d'environ un facteur de 1,4». Or, le commerce est un facteur important de la croissance économique (cf. export – led growth theory).

## II. LA ZONE MONETAIRE CEDEAO

La Communauté Economique des Etats de l'Afrique de l'Ouest (CEDEAO ou WAEMU en anglais) est un espace économique créé en 1975. Il regroupe 15 pays dont huit (Burkina Faso, Benin, Côte d'Ivoire, Guinée Bissau, Mali, Niger, Sénégal, Togo) initialement membres d'une union monétaire, l'UEMOA. Il comprend neuf pays francophones - les huit pays de l'UEMOA et la Guinée-Conakry - la Guinée Bissau et cinq pays anglophones (Gambie, Ghana, Liberia, Nigeria et Sierra Leone). Les 5 pays anglophones et la Guinée – Conakry formaient naguère la ZMAO, mais chacun possédait sa propre monnaie arrimée ou non à une devise étrangère (dollar, livre sterling). La CEDEAO continue d'examiner, depuis 2017, et ce, jusqu'au moment où nous écrivons ce livre, l'acte de candidature d'adhésion du Maroc. C'est donc, avant l'adoption de l'Eco, sa monnaie commune, en juin 2019, un vaste espace économique hybride composé d'une zone monétaire (UEMOA) et d'un espace économique hors zone monétaire (ZMAO), de 6.140.178 kilomètres carrés, avec une population de plus de 330.000.000 d'habitants, et un PIB estimé à 666 milliards de dollars américains en 2012, qui mérite une attention particulière, en raison justement de son caractère hydride.

La ZMAO et l'UEMOA ont connu des fortunes diverses en ce qui concerne leurs performances économiques. Si, parce que dotés diversement de ressources propres (matières premières, pétrole et autres ressources du sous-sol), leurs performances économiques ne peuvent être jugées que de façon relative, il apparait clairement, au regard de la théorie économique, que l'application de bonnes politiques monétaire et budgétaire communautaires, au sein ou hors UEMOA, aurait permis à la ZMAO d'obtenir de meilleurs résultats économiques ou des résultats équivalents à ceux réalisés par l'UEMOA.

Dans le cadre donc de la transformation de cette CEDEAO en zone monétaire optimale, il importe de s'interroger sur les conditions de son succès, c'est-à-dire les conditions dans lesquelles elle serait effectivement optimale. Dans cette optique, il serait utile d'analyser les bénéfices et les coûts et les conditions d'optimalité de cette zone monétaire CEDEAO.

## 2.1. Les bénéfices et les coûts de la zone CEDEAO

Comme nous l'avons déjà vu, la formation d'une zone monétaire occasionne des coûts et des bénéfices pour les pays - membres. Dans le cadre de la CEDEAO, il s'agit de savoir si les bénéfices, comme le présume la théorie économique, sont nettement plus importants par rapport aux coûts encourus par les pays - membres.

### *2.1.1. Les bénéfices*

De façon générale, la théorie économique établit qu'un pays tire plus de bénéfices qu'il n'encourt de coûts à rejoindre une zone monétaire ou à en former avec d'autres pays. Pour les économistes, la zone monétaire optimale permet aux états - membres de :

— éviter les opérations coûteuses de change en devises étrangères à l'occasion des transactions d'exportations et d'importations et des voyages à l'étranger. Avec l'Eco, la monnaie unique de la CEDEAO, les coûts de change lors des transactions ou des opérations de change d'une monnaie en une autre (naira nigériane, franc CFA de l'UEMOA, cedi ghanéen, silly guinéen, dollar libérien ou sierra léonais etc.) disparaitront dans les transactions au sein de l'union monétaire ;

— rendre plus compétitifs les produits domestiques grâce à la comparaison transfrontalière des prix, ce qui bénéficiera aux consommateurs ; la comparaison transfrontalière des prix relatifs entre les pays, anciens membres de l'UEMOA et de la ZMAO, rendra le marché plus concurrentiel et bénéficiera aux consommateurs en nombre nettement plus important.

— éliminer les risques de change encourus par les agents économiques en absence de zone monétaire optimale ; or, l'élimination des risques de change accroitra l'investissement direct étranger dans la zone CEDEAO ;

— créer l'opportunité de la pratique d'une meilleure politique monétaire à travers la banque centrale commune aux états - membres ; la politique monétaire communautaire stabiliserait davantage la situation monétaire et l'économie entière de l'union et donnerait de bien meilleurs résultats économiques ;

— pratiquer une politique fiscale et budgétaire communautaire optimale (Djelhi -Yahot, 2017). Celle-ci assainira davantage l'économie de la CEDEAO et produira des résultats économiques bien plus importants.

Des études (cf. partie deuxième, chapitre deuxième, paragraphe 2.1.) ont montré que les pays membres des zones monétaires africaines ont obtenu de meilleurs résultats économiques et mieux résisté aux chocs extérieurs (cf Musungaie, 2010 et tableau n° 7) que les pays africains hors zone monétaire.

Face au taux de chômage moyen de 12 à 13 % en Afrique, les pays de l'union monétaire CEDEAO pourraient avoir la même préférence de politique monétaire non répressive qui stimule la croissance économique. Tous exportateurs de matières premières, ils sauront s'accorder sur l'usage d'un taux de change faible pour stimuler les exportations ou d'un taux de change fort, en faveur de la consommation intérieure, selon les contextes. Ainsi les coûts en matière de préférence de politique seront moindres pour les pays membres de la zone monétaire CEDEAO.

### *2.1.2. Les coûts en termes de préférence de politique*

La politique monétaire commune conduite par la banque centrale communautaire comporte un coût pour les états - membres de la zone monétaire CEDEAO, selon qu'elle permet de contenir l'inflation ou de réduire le chômage, selon qu'elle favorise les exportateurs avec un faible taux de change ou les consommateurs avec un taux de change fort. Les coûts, pour les pays de la zone CFA et les pays de la ZMAO, donc varient selon la préférence en matière de choix de politique publique à conduire.

### 2.2. La zone monétaire CEDEAO est-elle viable ?

A ce stade de l'analyse, deux questions peuvent se poser : est-ce que la CEDEAO est-t-elle une véritable zone monétaire optimale ? Si oui, sera – t- elle viable ? La réponse à la première question semble apparemment très simple puisque, d'une part, le processus est déjà enclenché, et d'autre part, les leaders politiques africains parlent d'unité et de solidarité africaines depuis les années 1950, et la réponse procède, avant tout, de décision politique prise depuis longtemps. Or, la politique étant le jeu des intérêts partisans basé sur des compromis, les leaders politiques africains trouveront toujours des compromis quels que soient les obstacles rencontrés dans le processus d'intégration.

La réponse à la seconde question, c'est bien oui, en tenant compte de la théorie et de l'économie positive. En réalité, si la décision de créer une union monétaire est le fait des hommes politiques, elle s'applique au domaine de la science économique éminemment mathématisée, de nos jours, qui obéit à une rationalité telle qu'expliquée antérieurement. L'absence de la prise en compte de critères économiques, c'est-à-dire des critères de la zone monétaire optimale, dans les négociations sur le traité de Maastricht, a presque conduit l'Union Européenne dans l'impasse économique. L'instauration de critères de convergence macroéconomique répressifs ou antiéconomiques (cf. chapitre premier), la non prise en compte suffisante de certains critères édictés par la théorie économique ou leur l'absence dans le processus d'intégration des pays de l'UEMOA limitent l'impact de l'union et ses performances économiques sont relativement moindres.

Mais, dans les paragraphes précédents, nous avons démontré, d'une part, que les avantages ou bénéfices que pourrait engranger la zone monétaire optimale CEDEAO sont réels, et d'autre part, que les critères d'optimalité seraient respectés si cette zone fonctionnait effectivement. Elle a surtout l'avantage d'avoir, en son sein, une ancienne union monétaire (l'UEMOA) qui avait déjà obtenu, au fil des décennies, des résultats encourageants. De plus, certaines structures communautaires fonctionnent déjà. L'Institution Monétaire de l'Afrique de l'Ouest, créé en 2001, œuvre à la réalisation des différents mécanismes et techniques monétaires en vue de la création de la banque centrale de l'Afrique de l'Ouest, et a permis d'avoir, l'Eco, la monnaie CEDEAO. Mais, la CEDAO serait véritablement viable économiquement si :

— les facteurs déterminants, élaborés par la théorie économique étaient scrupuleusement appliqués ;

— elle était débarrassée des fameux critères de convergence macroéconomique qui entravaient, par le passé, le fonctionnement normal des économies des pays-membres de la future défunte UEMOA et réduisaient le niveau de production (PIB).

## III. LA FUTURE ZONE MONETAIRE AFRICAINE (ZMA)

Le Traité d'Abuja de 1991 a jeté les bases de la création d'une seule zone monétaire au niveau du continent (cf. article 44, alinéa g), avec la création de la monnaie unique et d'une banque centrale africaine à l'horizon 2021. Comme dans toute zone monétaire, les membres de cette future Zone Monétaire Africaine (ZMA) engrangeront des avantages économiques tels que préconisés par la théorie de la zone monétaire optimale et présentés antérieurement (cf. première partie, chapitre premier).

Le Traité d'Abuja prévoit, dans le cadre du processus d'intégration par les marchés, une construction par séquences, c'est-à-dire des étapes successives de créations de zones régionales et / ou de renforcement de zones régionales existantes, puis d'intégration des zones monétaires par région, et enfin, d'intégration finale entre elles, au niveau continental. L'Accord de Kigali du 21 mars 2018 a mis sur pied la Zone de Libre-Echange Continentale Africaine (ZLECA), la première étape du processus. Dans ce paragraphe, nous présentons les objectifs assignés à la ZMA, les difficultés, les coûts et bénéfices et les possibilités d'intégration d'une telle zone monétaire dans le système monétaire international (réformé ou non), étant donné l'état et l'évolution des économies des pays africains par référence aux facteurs déterminants et à la théorie économique.

### 3.1. Les objectifs et modalités de formation de la ZMA

En vue de la formation de la ZMA, le Traité d'Abuja a prévu la création de la Communauté Economique Africaine (CEA) au niveau continental qui a pour objectif de :

— promouvoir le développement économique, social et culturel et l'intégration des économies africaines dans le but d'accroitre l'autosuffisance économique et de favoriser un développement endogène et auto entretenu ;

— créer, au niveau continental, un cadre pour le développement, la mobilisation et l'utilisation des ressources humaines et matérielles de l'Afrique en vue d'un développement auto entretenu ;

— promouvoir la coopération dans tous les domaines de l'activité humaine en vue d'élever le niveau de vie des peuples africains, de maintenir et renforcer la stabilité économique, et d'instaurer des relations étroites et pacifiques entre les Etats membres et de contribuer au progrès, au développement et à l'intégration économique du continent ;

— coordonner et harmoniser les politiques entre les communautés économiques existantes et futures en vue de la mise en place progressive de la Communauté Economique Africaine.

En ce qui concerne les modalités de réalisation de la Communauté Economique Africaine devant aboutir à la ZMA, le Traité d'Abuja a retenu six étapes (cf. article 6) :

— étape 1 : renforcement du cadre institutionnel des communautés régionales existantes, et création de communautés économiques là où il n'en existe pas, dans un délai de 5 ans au maximum, à partir de l'entrée en vigueur du Traité ;

— étape 2 : stabilisation des barrières tarifaires et non tarifaires et des droits de douanes et des impôts internes existants, au niveau de chaque communauté régionale, dans un délai n'excédant pas 8 ans ; renforcement de l'intégration sectorielle régionale et continentale dans les domaines du commerce, de l'agriculture, de la monnaie et des finances, du transport, de l'industrie et de l'énergie ; coordination et harmonisation des activités entre les communautés économiques existantes et futures ;

— étape 3 : création, dans un délai n'excédant pas dix ans, de zones de libre-échange, puis d'unions douanières ;

— étape 4 : création de l'union douanière au niveau continental, dans un délai de deux ans, grâce à la coordination et à l'harmonisation entre les communautés économiques régionales :

— étape 5 : création du Marché Commun Africain, dans un délai de quatre ans ;

— étape 6 : établissement de la Zone Monétaire Africaine, dans un délai de cinq ans, avec la création de ses organes et de la monnaie unique, pour son fonctionnement.

### 3.2. Les obstacles au processus d'intégration continentale

Malgré l'identification assez claire des objectifs et des différentes phases, les obstacles ne manquent pas sur le chemin du processus d'intégration africaine au niveau continental. Il s'agit notamment :

— des différences de niveau de développement des pays africains qui rendent difficile la similitude de leurs structures économiques : l'Afrique du Sud fait partie des pays émergents connus sous le sigle de BRICS quand le Mali, le Burkina Faso, le République Démocratique du Congo, la Guinée Conakry et bien d'autres pays africains n'ont pas encore connu le moindre décollage économique ;

— des dotations très variées en matières premières (producteurs et non producteurs de café, cacao, bois) et / ou en ressources du sol (pays producteurs de pétrole et pays non producteurs de pétrole, pays producteurs de bauxite, de manganèse et non producteurs de ces minerais etc.), d'où des difficultés d'harmonisation de politiques économiques ;

— de la différence entre les systèmes économiques de l'Afrique francophone générée par le mécanisme économique extraverti tourné vers le financement de la Métropole, instauré par la colonisation française et les économies de l'Afrique anglophone, héritées du système de partenariat commercial avec ses colonies, de la colonisation britannique, qui fait que les perceptions, comportements, approches et la compréhension du business diffèrent des pays francophones aux pays anglophones en Afrique ;

— de la lenteur dans l'exécution des politiques de convergence macroéconomique ;

— de la quasi-absence de véritables mécanismes et de structures de convergence ;

— de divergences parfois profondes en matière de préférences politiques ;

— des difficultés de communication entre anglophones, francophones et lusophones ;

— de l'immensité du continent africain ;

— de l'insuffisance de financement et son corolaire, l'insuffisance d'infrastructures économiques (routes inter-Etats, chemins de fer, chemins de fer inter-Etat, ports, aéroports, télécommunication, énergie etc.) retardant fortement la réalisation des différentes étapes du processus d'intégration telle que projetée dans le traité d'Abuja. Ainsi la ZLECA, initialement programmée pour 2004, n'a pu être créée que le 21 Mars 2018(soit 14 ans plus tard), par 44 pays africains sur 55, sans l'accord de la première (ou seconde selon l'année) économie africaine, le Nigéria et renvoyant à l'année 2063, la réalisation de la zone monétaire continentale africaine.

### 3.3. Les coûts et bénéfices de la ZMA

Dans le cadre de la formation de la ZMA, la première étape a commencé avec la création de la ZLECA, le 21 Mars 2018. Dans ce processus de formation, puis dans le fonctionnement normal de la ZMA, les Etats- membres engrangeront, conformément à la théorie économique, des avantages et subiront des coûts. Mais, les bénéfices nets seront nécessairement positifs.

Comme la CEDEAO, la ZMA couvre un espace économique hybride composé de zones monétaires (la zone du franc CFA), de la zone CEDEAO et de zones de libre-échange ou de marchés communs (ZMAO, SADC, COMESA, Union du Maghreb Arabe). Or, conformément à la procédure prévue par le Traité d'Abuja pour la création de la ZMA, à l'horizon 2063, il s'agit de créer des zones monétaires (là où il n'y en a pas), puis de les transformer, de même que les unions monétaires existantes, en zones régionales, pour réaliser, enfin, la ZMA. Dans le respect des facteurs déterminants, on aboutit, raisonnablement, à une zone monétaire continentale efficiente qui procure des bénéfices nets optimaux positifs aux Etats - membres.

En ce qui concerne les coûts que subiront les Etats africains (membres de la ZMA), il est bon de souligner, particulièrement, celui de la préférence politique, puisque la ZMA est tout aussi hybride que la CEDEAO, avec des zones monétaires et des espaces économiques se situant à des étapes différentes sur le chemin de la création de l'union monétaire continentale. Des unions monétaires de la zone CFA à la zone CEDEAO, il y aura forcément un coût en termes de choix de régime de change fixe (pour la ZMAO) ou de taux d'inflation plus élevé et de crédibilité de la monnaie (pour la zone CFA), de trade-off entre inflation et taux de chômage. Des zones de libre-échange ou des marchés communs (ZMAO, UMA, (SADC, COMESA) aux unions régionales, puis à la ZLECA et enfin, à l'union monétaire continentale (la ZMA), les pays-membres subiront des coûts de souveraineté monétaire, d'impôt – inflation, de transition plus importants et de préférence de politique économique etc.

Ainsi les pays africains, engagés dans le processus de création de la ZMA, subiront, deux à trois fois au moins, ces différents coûts à cause des étapes successives préconisées par le Traité d'Abuja. Il serait, sans aucun doute, nettement moins coûteux, pour ces pays, s'il était envisagé le passage direct de leur état initial (de membre de zone de libre-échange, de marché commun ou de zone monétaire) à la zone monétaire continentale(ZMA). On éviterait aussi les énormes coûts d'opportunité en économisant du temps.

## 3.4. La ZMA dans le système monétaire international

La ZMA constituée en 2063, fonctionnerait dans un environnement international conçu depuis les Accords de Breton Woods en 1944 et aménagé à plusieurs reprises sans réelle contribution de l'Afrique ni prises en compte des vrais problèmes monétaires de l'Afrique. Il s'agit, de voir ici, quelle pourrait être la place de la ZMA dans le système monétaire international actuel, réformé ou non.

### *3.4.1. La ZMA et les propositions de réforme*

Comme pour toute zone monétaire, les avantages identifiés par la théorie économique de la zone monétaire optimale que nous avons déjà présentés, sont valables pour la ZMA. Toutefois, si l'on assume que les difficultés évoquées au paragraphe 3.2., ci-dessus, sont aplanies, la dimension continentale implique d'intégrer d'autres éléments d'analyse, dans la recherche de performances économiques optimales ; il s'agit, précisément, de la zone - cible de Williamson et Miller ( 1983,1985, 1987), de la zone - cible élargie d' Edision ( 1987) reprise par Boughton (1989), des notions de blocs économiques à l'échelle mondiale de McKinnon( 1988) et de la coordination des politiques monétaires entre banques centrales qui a fait l'objet d'analyses de la part de Persson et Tabellini (1995, 2000), Maurice Obstfeld et Kenneth Rogoff (2002), John Taylor (2007), Zheng Liu et Evi Papa ( 2005, 2007), Kapur and Mohan (2014) etc.

#### *3.4.1.1. La zone - cible de Williamson et la version Williamson - Miller*

Avec l'idée que les pays accepteront une concertation étroite en cas de déséquilibres graves ou de changements en matière de politique monétaire, Williamson (1983) d'abord seul, puis Williamson (en collaboration) et Miller (1987) ont proposé la théorie de la zone-cible basée sur le principe de la détermination d'une fourchette de variation convenable des taux de change.

Face aux importants désalignements des taux de change, c'est-à-dire les amples et persistantes déviations par rapport à leur taux de change d'équilibre à long terme, provoqués par le flottement des monnaies( le dollar ayant enregistré 10% et 37 % de variation, respectivement en 1983 et 1984 en termes de taux réel pondéré), Williamson a préconisé « le taux de change d'équilibre fondamental qui est le taux de change susceptible de générer au cours du cycle, un excédent ou un déficit du compte courant égal aux flux des capitaux sous-jacents correspondant au meilleur niveau d'équilibre interne que peut obtenir le pays en absence de restrictions commerciales pour raison de balance des paiements ». Il s'agit donc, pour Williamson, de déterminer, dans un premier temps, un taux réel d'équilibre pour maintenir la production économique au niveau le plus élevé possible, puis d'en déduire les taux nominaux bilatéraux d'équilibre. Trois étapes sont à suivre :

— déterminer le taux de change effectif réel d'une période de base, c'est-à-dire un taux qui pourra permettre d'obtenir un ensemble de balances des paiements qui égalisent les flux des capitaux fondamentaux « sous-jacents ». « Pour une période déterminée, on définit les objectifs en matière de transactions courantes qui tiennent compte, pour chaque pays, du niveau d'activité intérieur désiré et des changements structurels majeurs. De la prise en compte de ces éléments et, en particulier, de l'écart estimé entre l'investissement et les ressources d'épargne domestiques, découlent le niveau d'équilibre fondamental de la balance des paiements et donc des flux de capitaux sous-jacents, estimés compatibles avec les objectifs précédents » (Henri Bourguinat, 1992) ;

— calculer les variations des taux de change effectifs réels nécessaires (en utilisant le Multilaral Exchange Rate Model du FMI) par rapport aux taux constatés pour acquérir les objectifs de compte courant, et les flux de capitaux fondamentaux justifiés. Ceci donne l'équation suivante :

$$TCEF = g$$

où **g** représente le compte courant de la balance des paiements, la pression relative de la demande et les changements structurels et TCEF représente le taux de change d'équilibre fondamental

— passer du taux de change d'équilibre fondamental (TCEF) de l'année de base à celui de l'année horizon (en utilisant toujours le multilatéral Exchange Rate model), et calculer, en tenant compte des changements intervenus au niveau du TCEF (phénomènes naturels, progrès technologiques etc.), les soldes fondamentaux justifiés des paiements courants, les capitaux sous-jacents correspondants.

Ces taux effectifs réels seraient la base du calcul des cours (bilatéraux) fondamentaux d'équilibre devant constituer le centre des marges plus ou moins larges (10 à 20%) à l'intérieur desquelles évolueraient les parités bilatérales.

La nouvelle proposition faite par Williamson et Miller (1987), ajoute à la proposition précédente, la prise en compte de deux éléments :

— prendre appui sur « les ajustements compensateurs de la politique budgétaire » pour atteindre l'objectif de revenu nominal ;

— admettre le principe de taux de change flexible à l'intérieur des bandes de fluctuation qui doivent être des zones à bornes souples, susceptibles d'être franchies, en cas de chocs importants (c'est le système de crawling peg).

A partir de la version Williamson-Miller, Dornbbusch et Frankel(1988) ont déterminé, à l'aide d'un diagramme, une variation mensuelle moyenne de 5 à 10% du cours du yen par rapport au dollar américain, respectivement en 1985 et 1987.

### *3.4.1.2. La proposition de McKinnon*

Dans le cadre du débat sur la réforme du système monétaire international, McKinnon (1988) a formulé, pour l'économie mondiale, un plan de réforme basé sur trois blocs économiques :

— le bloc Amérique du Nord, comprenant les pays nord-américains, avec le dollar comme devise commune ;

— le bloc Asie constitué de tous les pays de l'Asie, avec pour monnaie commune, le yen japonais ;

— le bloc Europe, avec le mark allemand, comme monnaie commune (que nous remplaçons ici par l'euro).

McKinnon a alors proposé une parité fixe entre les différentes monnaies de ces trois blocs formant chacune une zone monétaire. La parité fixe entre les monnaies des trois blocs éliminera la volatilité des taux de change, accroitrait le commerce des biens et services et rendrait les flux financiers plus efficients étant entendu que les trois blocs entretiendraient une coopération en matière de politique monétaire. Et McKinnon de soutenir que, dans le long terme, un tel plan permettait de réaliser la parité du pouvoir d'achat, puisque le prix des biens échangés internationalement serait le même dans les trois blocs de pays. Les banques centrales des trois blocs surveilleraient l'évolution « du prix international commun » et modifieraient les agrégats monétaires pour assurer l'alignement du niveau de prix obtenu. A cet égard, McKinnon préconise un indice de prix international pour les banques centrales des trois blocs.

Mais, à court terme, McKinnon reconnait que la parité du pouvoir d'achat est difficilement réalisable ; alors, il propose que les monnaies du groupe des trois blocs varient dans une petite marge qui serait respectée par tous grâce à la coordination de la politique monétaire entre eux.

Une critique que l'on peut faire au plan de McKinnon est qu'à force de vouloir éliminer, à tout prix, la volatilité des taux de change, il élimine la flexibilité des taux de change. Or, dans certains cas de graves perturbations (larges déficits budgétaires), la flexibilité du taux de change est nécessaire pour restaurer l'équilibre. Mais, pour McKinnon, les variations du taux de change réel n'ont aucun effet sur le déficit du compte courant, dans la mesure où le déficit est occasionné par le déficit budgétaire de l'Etat.

Soutenant, en partie, la thèse de McKinnon, Krugman (1989) propose néanmoins de réduire la volatilité des taux de change en vue de leur permettre de « remplir leurs fonctions sociales ».

On peut aussi critiquer le fait que McKinnon (1982), se situant dans sa propre vision que le taux de change est déterminé par le principe de substitution de devises, mette l'accent sur la volatilité du taux de change comme résultant des perturbations de la demande de monnaie ($M_1$) pouvant être résorbées par l'intervention de la banque centrale. Or, dans le système de dérégulation généralisé depuis les Accords de Kingston(Jamaïque) de 1976 instituant le système de taux de change flottant, non seulement « la banque centrale a du mal à estimer une fonction de demande de monnaie stable », mais, il n'est pas du tout évident que toutes les variations de taux de change soient uniquement causées par des variations monétaires. Elles peuvent résulter de substitutions entre bons, des capitaux spéculatifs ou d'autres chocs.

*3.4.1.3. Le Extended Target Zone*

S'appuyant sur le système de taux de change fixe ajustable (crawling peg) de Williamson (1983), Edison et al. (1987) ont proposé une solution de rechange au plan de McKinnon, appelé « Extended Target Zone proposal ou proposition de Zone- Cible élargie ». Tout en reconnaissant les coûts sociaux excessifs de la volatilité des taux de change, Edison et al (1987) soutiennent qu'une dose de flexibilité du taux de change est désirable. La Zone - Cible élargie implique, à cet effet, un ensemble de règles de politique de coordination devant être respectées par le groupe des sept pays les plus industrialisés. Dans cette optique, l'équation suivante est proposée :

$$y = g + \Upsilon P_{t-1} + \phi d, \quad \text{avec } 0 < \Upsilon < 1 \quad \text{et} \quad \phi > 0$$

**y** est le taux de croissance endogène cible du revenu nominal

**g** est le taux de croissance potentiel

$P_{t-1}$ est le taux d'inflation

**d** est le gap déflationniste

En plus du taux de croissance cible, chaque pays doit déterminer un taux de change effectif réel qui assure l'équilibre interne et externe à moyen terme, d'où la désignation de Zone - Cible élargie. Ces deux cibles par pays, dont l'agrégation, du point de vue prospectif (et statistiquement), consiste en 2n-1 cibles, doivent être réalisées par l'assignation de trois règles qui devant satisfaire les 2n-1 cibles :

— premièrement, la politique fiscale interne (dans l'optique keynésienne) doit être utilisée pour atteindre une croissance cible du revenu ;

— deuxièmement, les différentiels de taux d'intérêts entre pays doivent être utilisés pour empêcher les taux de change de varier de plus de 10% par rapport à leurs niveaux cibles ;

— troisièmement, le niveau absolu moyen du taux d'intérêt mondial doit être révisé, à la hausse ou à la baisse, en fonction de la variation de la croissance mondiale par rapport au niveau cible commun. Ceci suppose que la politique monétaire internationale doit être modifiée en réaction aux besoins des pays impliqués.

Les auteurs et autres adeptes de la théorie de la Zone - Cible élargie pensent que cette théorie est plus consistante, donc supérieure à celle de McKinnon. Mais, elle a été sujette à des critiques (Boughton, 1987,1989), car, il n'est pas tout à fait évident que le taux de change réel soit la cible externe optimale. En effet, la relation entre le taux de change réel et la balance courante demeure ambiguë en cas d'importants déséquilibres publics et privés dans l'économie domestique. Dans ces conditions, il serait plus approprié de cibler directement le compte courant et d'utiliser la combinaison de politiques économiques appropriées pour atteindre la cible.

La seconde critique a trait à l'instrument approprié de politique économique pour obtenir l'équilibre externe. De ce point de vue, l'assignation de la politique fiscale aux objectifs internes et de la politique monétaire aux objectifs externes semble plus efficace. En effet, Bryant et al (1988) soutiennent que la politique monétaire a peu d'impact sur le compte courant, même à long terme. De même, les contraintes politiques et institutionnelles, dans certains pays, peuvent rendre difficile l'usage de la politique fiscale à des fins de gestion de la demande de monnaie. En conséquence, Boughton (1987) recommande fortement l'usage de la politique monétaire.

#### *3.4.1.4. Le modèle de Krugman*

Krugman (989), lui, trouve la marge de variation de 10 % trop étroite. Et il explique que l'étroitesse de la marge de variation sera cruciale au moment où la crédibilité du système est en jeu. Si les agents économiques intervenant sur le marché pensent que la Zone Cible élargie est crédible, ils vont, à quelque chose près, fixer le taux. En effet, si le taux est proche de la borne supérieure de la marge, les agents économiques croiront que le taux aura tendance à baisser qu'à augmenter, et vice versa quand le taux se trouve à la borne inférieure de la marge de variation de 10%. Ceci suppose que « les taux de change seront trop fortement stabilisés et manqueront de remplir les fonctions socialement désirables ».

A l'inverse, une perte de crédibilité de la Zone - Cible élargie poussera rapidement le taux de change au-dessus de la borne de la marge de variation.

Krugman en conclut que la Zone - Cible élargie produit la tentation de soutenir le mauvais taux de change et le risque d'attaques spéculatives contre la cible comparativement au taux de change non soutenu. Il préconise alors comme réforme du système monétaire international, le retour au système de taux de change fixes, mais ajustables.

Currie et Wren-Lewis (1989) ont, à l'aide de modèles économétriques, évalué les performances - dans le modèle des trois blocs de pays proposé par McKinnon - de la Zone - Cible élargie et de l'alternative présentée par Boughton ( 1989), sur la période 1975 - 1986 ; les résultats ont révélé de bien meilleures performances économiques de la Zone - Cible élargie, performances qu'ils expliquent par l'avantage comparatif de la politique fiscale par rapport à la politique monétaire en matière de contrôle de la demande globale interne.

*3.4.1.5. La taxe de Tobin sur les mouvements internationaux de capitaux*

Contrairement aux propositions précédentes qui réforment le système monétaire international, Tobin (1978) préconise d'agir sur le volume du marché financier international pour, sinon annuler, du moins réduire le volume des capitaux à court termes qui sont spéculatifs .A cet effet, il propose « d'établir une taxe sur les opérations de change de manière à freiner les mouvements de substitution des monnaies , et par là même, les déplacements des capitaux les plus intempestifs et de nature déstabilisatrice », c'est- à- dire les capitaux à court terme qui sont spéculatifs. « L'effet escompté serait de pénaliser les opérations les plus courtes en réduisant les différentiels d'intérêt qu'elles exigeraient pour être rentables ; à l'inverse, les opérations les plus longues seraient traitées de façon plus avantageuse. »

Soit

$i_d$, le taux d'intérêt domestique

$i_f$ , le taux d'intérêt étranger

t, le taux de taxation sur les opérations financières

S= taux de change comptant

F, le taux de change à terme

$S^a$, le taux de change anticipé

X, le taux de dépréciation anticipé (S / S -1)

A partir du théorème de la parité des taux d'intérêt, on détermine le jeu de la taxe en arbitrage sur taux couvert ou non couvert, avec l'hypothèse que $I_d$ , $i_f$ , F et $S^a$ sont définis pour une même échéance :

— cas d'arbitrage couvert : soit un placement en monnaie domestique avec comme rendement = $1 + i_d$ et un placement en devises = $S^{-1}$ (1-t)( $1+i_f$ )( 1-t) F

Le placement en devises est préférable à condition que

$$1 + i_d < (1-t)^2 (1+i_f) F / S$$

A partir du logarithme de cette expression, la relation de parité des taux d'intérêt couverts est :

$$i_d - i_f = f - s - 2t$$

avec f et s les logarithmes de F et de S

— cas d'arbitrage non couvert, avec placement en monnaie domestique := 1+i et placement en devises := $S^{-1}$ (1-t)( $1+i_f$ )( 1-t) $S^a$

Le placement en devise est préférable à condition que

$$1 + i_d < (1-t)^2 (1+i_f) S^a / S$$

Avec le logarithme, la relation de parité des taux d'intérêt non couverts est :

$$i_d - i_f = x-2t$$

Appliquées à toutes les opérations de change, la taxe de Tobin aurait donné, en 1987, selon Henri Bourguinat, la faramineuse somme de 100 milliards de dollars.

La manne financière attendue de la taxe de Tobin pourrait financer, entre autres, l'aide au développement et l'amortissement d'une partie de l'endettement international des pays pauvres surendettés.

Dans les différentes propositions de réformes du système monétaire international que nous venons de passer en revue, ni l'Afrique comme espace économique ni les espaces économiques ou les zones monétaires existant en Afrique ni les pays africains en tant qu'entités économiques ne sont véritablement impliqués dans les prises de décision. Mais, l'Afrique, même ignorée, ne pourra pas échapper aux externalités négatives ou positives en cas de mise en application de ces réformes. Elle doit donc s'organiser pour sinon y échapper, du moins se prémunir contre les externalités négatives.

### *3.4.2. L'impact de la coordination de politique monétaire internationale*

L'impact, sur les économies nationales, de la coopération et de la coordination de politiques monétaires entre banques centrales, a fait l'objet d'une abondante littérature économique. La coopération, « c'est le partage d'informations et de techniques de banque centrale, la discussion sur les problèmes communs et les prêts occasionnels ad hoc d'urgence en période de crises financières, entre banques centrales. La coordination, elle, traduit les actions de politique convenues formellement et entreprises par des groupes de décideurs de politique monétaire (Ministres de Finances, banquiers centraux et FMI) en vue d'obtenir des résultats bénéfiques pour le système économique international tout entier » (Bordo et Schenk, 2016). Mais, de telles actions « peuvent être en contradiction avec des objectifs de politiques nationale ».

Les expériences pratiques de coopération et de coordination de politique monétaire internationale ont connu des fortunes diverses depuis les années 1880.

Le système d'étalon-or classique de 1880 à 1914 a bien marché parce qu'il était basé sur des règles (dont la principale, pour chaque autorité monétaire, était de maintenir la convertibilité de sa monnaie-papier en termes d'or au prix nominal officiel ou de montant fixe d'onces d'or) ; chaque pays membres y adhérait volontairement et observait les règles. Mais, Bordo (1984) attribue le succès du système à deux faits :

— il était géré par la Grande-Bretagne qui dominait le commerce mondial et était le centre du système financier mondial de l'époque ;

— les opérations financières étaient saines parce que garanties par le gouvernement britannique » (Fergusson et Schularick, 2012).

Tullio et Walters (1996), eux, soutiennent que la coopération de la France et de l'Allemagne dans le fonctionnement du régime était également un facteur de stabilisation et de réussite.

A la fin de la première guerre mondiale (1914-1918), les pays belligérants ayant financé la guerre par des impôts et taxes excessifs, des dettes et seigneuriages importants, sont dévastés économiquement par des surendettements démesurés et des taux d'inflation élevés. Il était donc « difficile de retourner au système de parités d'avant-guerre ; la plupart des experts pensaient qu'il y avait nécessité absolue de coopération et de coordination à restaurer le système d'étalon-or d'avant – guerre)» (Bordo et Schenk, 2016).

A la différence du système précédent, le système d'étalon-or d'entre-les deux guerres (1924 -1936) maintenait, à la fois, devise étrangère et or comme réserves internationales. Les Etats - Unis et la Grande Bretagne étaient, tout naturellement, au centre de ce système monétaire international, mais peu de pays membres acceptaient de réaliser l'équilibre externe aux dépens des objectifs de politique nationale. En effet, au sortir de la terrible guerre, les questions de bien - être économique et social face à la pression croissante des travailleurs désormais bien organisés, étaient prioritaires de sorte que les pays préféraient mettre l'accent sur la production domestique, l'emploi et la stabilité des prix. A cet égard, Polanyi (1944) et Eichengreen (1992) « relèvent que les banques centrales commencèrent à se focaliser sur la stabilisation du cycle de production en soutien de l'expansion interne de cibles de politique économique pour l'emploi et la croissance économique ».

Mais, les nombreux désalignements traduisaient la mauvaise évaluation des taux de change d'équilibre et les pressions politiques auxquelles s'ajoutait l'anticipation qu'une parité modifiée pourrait l'être encore, et qu'une parité modifiée effritait la crédibilité de la monnaie (Eichengreen, 1992). Le mauvais fonctionnement du mécanisme d'ajustement était explicit avec la surévaluation de la livre sterling par rapport à l'or et la dévaluation de 80 % de la monnaie française en 1926. « La banque d'Angleterre ne pouvait que mener une politique monétaire restrictive pour protéger ses réserves d'or face aux déficits persistants de sa balances des paiements » pendant qu'en France, « le surplus continu de la balance des paiements, au lieu d'engendrer une augmentation de l'offre de monnaie et de l'inflation, était stérilisé de sorte que le pays absorbait une part de plus en plus importante des réserves d'or mondiales , en même temps que les Etats-Unis d'Amérique qui avaient aussi stérilisé leurs surplus( Irvin,213) ». Eichengreen (2017) souligne qu'en plus de la mauvaise répartition de l'or, l'affaiblissement du système était causé par le manque de confiance dans la livre sterling comme monnaie de réserve et le mouvement des réserves de change en livre sterling vers le dollar américain.

Dans le cadre de la coopération monétaire clandestine organisée, à Long Island (New York) en 1927, entre la Banque de France, la Banque d'Angleterre, la Reichsbank et la Federal Reserve Bank de New York, par le gouverneur de cette dernière, pour protéger et soutenir la livre sterling, la FED de New York réduisit son taux d'escompte et procéda à l'expansion de ses opérations d'open-market, la Banque de France et la Reichsbank dévièrent leurs achats d'or de Londres à New York. La livre sterling était momentanément sauvée. Mais, le Gouverneur de la Federal Reserve Bank de New York fut, par la suite, accusé en 1931, d'avoir provoqué la Grande Dépression, et en 1933, mandat était donné par le gouvernement américain, uniquement à la Federal Reserve Board en matière de politique monétaire internationale (Bordo et Schenk, 2016).

« Mais, par la suite, le gouverneur de la Banque d'Angleterre (monsieur Norman) poussa fortement à l'institutionnalisation de la coopération en politique monétaire internationale », ce qui conduisit à la création de la Banque des Règlements Internationaux en 1930, pour promouvoir, entre autres, la coopération entre banques centrales (en termes d'échanges d'or, de dépôts et de lignes de crédits). Toutefois, cette banque ne put secourir correctement, en 1931, le schilling autrichien et le mark allemand, par manque de ressources suffisantes et de soutien de la part de la France.

Néanmoins, avec le rôle majeur des banques centrales et la création de la Banque des Règlements Internationaux, le système d'étalon-or d'entre-les deux guerres avait permis de poser les fondements de la coopération entre banques centrales.

Temin (1989) et Eichengreen (1992) expliquent que le système de l'étalon-or, par sa contrainte d'or, est à l'origine de la Grande Dépression quand Bernanke (1995) trouve sa source dans l'échec du multiplicateur d'or de l'offre de monnaie internationale.

Milton Friedman et Schwartz (1963) et Meltzer (2003) indiquent, comme source de cette dépression, la politique monétaire de la Federal Reserve Bank, puisque, la chute dans l'offre de monnaie américaine était transmise, dans l'économie mondiale, à travers le taux de change fixe de l'étalon-or.

La tentative, en 1933, pour la coordination de politique monétaire, dans le but de stabiliser les taux de change et obtenir des concessions sur des restrictions commerciales, échoua pour deux raisons :

— les États-Unis avaient, au même moment, abandonné l'arrimage de leur monnaie à l'or ;

— la France était favorable à un retour à l'étalon-or, mais n'était pas prête à relancer son économie pour soutenir des objectifs ciblés de la Grande- Bretagne et le relèvement des prix aux Etats-Unis ou l'allègement des restrictions commerciales françaises.

Face au manque de volonté manifeste de la France en matière de coopération, la Grande- Bretagne et les Etats-Unis d'Amérique optèrent pour la stabilité des prix dans leurs économies respectives : « Le Royaume-Uni s'en remit à la coopération monétaire et commerciale avec les pays de la zone sterling (dont les monnaies sont arrimées à la livre sterling) ; le bloc de l'étalon-or se retrouva autour de la France ; les Etats-Unis s'engouffrèrent dans leur propre voie » (Eichengreen, 1992).

Mais, très vite, la dépréciation du dollar et de la livre sterling par rapport à l'or rendit la position de la France intenable. Bordo et Schenk (2016) résument parfaitement le contexte d'intérêts communs : « (….) and France needed a coordinated devaluation to prevent a free fall in the franc, and the United States of America and the United Kingdom also had an interest in an orderly depreciation of the franc ». Chaque pays comprit alors qu'il n'avait aucun intérêt à manipuler son taux de change à des fins d'objectifs de politique interne. D'où la constitution du Fonds de Stabilisation de Change (FSC) pour des interventions coordonnées sur le marché des changes, faisant suite à l'accord de 1936 entre les trois pays. Malheureusement, la seconde guerre mondiale mit fin à ce mécanisme de coordination.

Sentant la fin de la guerre proche, les alliés, réunis à Breton Woods (USA) en 1944, s'attelèrent à mettre sur pied un nouveau système appelé Système Monétaire International de Breton Woods qui dura jusqu'en 1973. Les flux des capitaux à court terme étant perturbateurs pour la coopération et la coordination, il fallait leur substituer « le renforcement de la souveraineté en matière de politique monétaire , dans cette recherche de solution au modèle Mundell-Fleming (1961) ou modèle de l'Impossible Trinité, qui démontre que , « dans une économie, on ne peut simultanément choisir d'appliquer les politiques d'autonomie monétaire, de libre circulation des capitaux et de taux de change fixe », et que seules, deux des trois politiques peuvent être appliquées à la fois. L'objectif était donc de créer un cadre de coordination et de coopération monétaires à partir de règles crédibles pour « assurer la prospérité et la paix sur une longue période » :

— en politique monétaire, maintien du système de taux de parité fixe mais ajustable dans une marge de plus ou moins 1 % soutenu par des contrôles de flux de capitaux à court terme et l'accès au crédit à court terme du FMI pour couvrir temporairement les déséquilibres des balances des paiements ; A la différence du système d'entre-les deux – guerres, le système de Breton Woods permettait, aux pays membres, d'ajuster leurs parités en cas de déséquilibres importants ;

— préservation de la convertibilité en or à travers la fixation de la parité du dollar en or à 35 onces ;

— détermination de la parité des autres monnaies par rapport à l'or, à travers le dollar américain ;

Le dollar était la monnaie - pivot du système monétaire de Breton Woods. En vertu de la Règle Générale du système qui prévoyait que « tout membre s'engage à ne permettre, sur son territoire , que des opérations de change (…….) qui respecteront un écart ne dépassant pas 1% de la parité » et de la Règle d'exception stipulant « qu'est réputé remplir cette obligation ci-dessus, tout membre dont les autorités monétaires achètent ou vendent librement l'or en cours correspondant plus ou moins à la parité prescrite du FMI », les Etats - Unis (possédant une quantité considérable d'or) s'exonèrent de la Règle Générale dès 1947 ( par lettre du Secrétaire d'Etat Américain Snyder au Directeur Général du FMI), en vendant et achetant de l'or contre le dollar américain ; ce faisant, « ils n'avaient plus à intervenir pour défendre la parité de leur monnaie à la marge de plus ou moins 1 % ». Cette obligation demeurait, par contre, celle des n-1 autres pays membres du FMI qui, en contrepartie, pouvaient acquérir de l'or contre le dollar, à une parité fixe. Statistiquement, il apparut alors dans le système, une n-ième monnaie à statut tout à fait spécifique (Henri Bourguinat, 1992) :

— au lieu d'avoir n (n-1)/2 parités, il suffit d'établir n-1 parités vis-à-vis de la nième monnaie, pour que toutes les autres parités bilatérales soient simultanément établies entre elles ;

— en matière d'intervention, le mécanisme de la nième monnaie renvoyait la charge des interventions officielles sur les banques centrales autres que celles du pays émetteur, la banque centrale émettrice se contentant de s'abstenir de défendre sa propre monnaie (on parle de benign neglect ou négligence bienveillante).

Une des faiblesses du système de Breton Woods était qu'il reposait sur la politique monétaire des Etats-Unis du fait du rôle du dollar américain comme monnaie internationale de réserve, ce qui leur évitait d'ajuster leurs déficits de balance des paiements tout en leur permettant de faire des investissements à l'étranger (acquisition d'encaisses) et de pouvoir éventuellement emprunter à bas taux d'intérêt qu'autrement, à cause de la préférence internationale pour les actifs libellés en dollars. Réticente à un tel fonctionnement, la France (sous l'influence de l'économiste Jacques Rueff) faisait pression pour un retour au système d'étalon-or quand l'Allemagne considérait les déficits américains comme inflationnistes. Malgré les efforts des pays du G10, de l'OCDE, du FMI, du Comité des 20 et du Groupe des 24 pays en développement pour remplacer le dollar dans son rôle de monnaie internationale de réserve ou élargir les marges de variation des taux de change (Solomon, 1982, Williamson, 1977), aucun consensus ne put être réalisé sur le sujet et sur le problème de la quantité adéquate de liquidité dans l'économie mondiale : « Trop faible quantité ou trop grande quantité de liquidité ? » ; même les DTS, créés en 1969, comme une devise internationale pour remplacer le dollar américain, sont demeurés plus une unité de compte qu'une monnaie et un instrument monétaire international réel. A l'époque, Jacques Rueff avait souligné l'inopportunité de l'usage des DTS en ironisant qu'il s'agissait « d'un plan d'irrigation en temps de déluge ».

Ainsi l'unanimité autour du nouveau système, c'est-à-dire celui de Breton Woods, ne tarda pas à s'effriter comme le note si bien Schenk ( 2010) : « D'autres formes de coordination se développèrent pour favoriser le commerce multilatéral sans pleine convertibilité : l'Union Européenne des Paiements pourvoyait aux règlements mensuels du commerce européen avec des paiements en dollars et en or , de façon prédominante ; la Zone Sterling ( le Royaume - Uni et les autres pays du Commonwealth, à l'exception du Canada) commença à effectuer des contrôles de change contre le dollar américain, maintint la plupart de ses réserves en Livres Sterling et bénéficia de circulation de plus en plus libre de flux de capitaux ( surtout entre 1945 et 1958) ».

« Ces solutions intérimaires permirent à la libéralisation du commerce d'impacter positivement la croissance économique, et la convertibilité du compte courant était finalement introduite par la plupart des pays à la fin de 1958 » (Bordo et Schenk, 2010).

Mais, la règle de convertibilité étant inconsistante avec les objectifs prioritaires de plein emploi et de croissance économique au niveau domestique, le développement du marché des capitaux ne pouvaient plus être contenu, comme le relèvent Bordo et Schenk(2016), et « les marchés offshore de Londres et la convertibilité du compte courant , dans les années 1960, avaient mis à rude épreuve , l'adhésion à la règle de taux de change fixe, de sorte qu'il eût, de façon répétitive, des ajustements de parités », et des attaques spéculatives contre le franc, le mark et la livre sterling - et même contre le dollar américain à la fin des années 1960 - ce qui acheva de fragiliser le système monétaire de Breton Woods. La règle de la convertibilité-or était abandonnée en mars 1968. La convertibilité et la règle de l'étalon - or furent finalement rejetées en 1973 et le système de change flottant se généralisa, après que le Président Richard Nixon eût mis fin à la convertibilité du dollar en or en Août 1971. Le système de change flottant fut, logiquement, officialisé par les Accords de Kingston (Jamaïque) en 1976.

A la vérité, le système monétaire international de Breton Woods comportait, comme Henri Bourguinat (1992) l'a souligné, à la suite des thèses de Triffin (1960), une faiblesse principale, « la possibilité de financement des déficits du pays – centre (les Etats-Unis) par les créanciers » et une série de trois faiblesses dérivées de la principale.

Tout en avertissant du danger que constituait l'importance prise, dans les réserves de change, par les monnaies de réserves à côté du métal lui-même (l'or), depuis la conférence de Gêne en 1922, passant à 9%, 49% et 55,65% respectivement en 1937, 1958 et 1970. Triffin (1960) avait prévu le dérapage vers l'explosion des liquidités et une inflation galopante : « L'accumulation des balances constituées à hauteur de 80% en dollars allait procurer le moyen principal d'accroissement des liquidités internationales ».

Par ailleurs, il avait dénoncé le fait que les Etats-Unis, de par leur position de pays émetteur de la monnaie de réserve dominante, se trouvaient exonérés de solder leurs déficits de balance des paiements qui étaient alors financés par leurs créanciers. Ce mécanisme engendra un stock de balance- dollars extrêmement élevé par rapport à la réserve en or des Etats-Unis dans les années 1960 et début 1970 ; le tableau n°2 , ci-après , montre qu'à cette période, les engagements liquides en dollars détenus par les créanciers des Etats-Unis par rapport à l'or stocké étaient, de toute évidence, excessifs : ce rapport engagements liquides /or , de moins de 2 en 1961 et 1963, passe à 2,14 en 1965, puis, à 2,97 en 1967, puis à 3,84 en 1969, et enfin, à 6,63 en 1971. Ce qui, rationnellement, conduisait à une inconvertibilité du dollar et à une probable démonétisation de l'or, de la part de l'Etat américain. C'est ce que fit justement le président Nixon en 1971.

De la situation dominante américaine, on peut effectivement dériver trois autres faiblesses du système de Breton Woods :

— la duplication des bases du crédit ;

— le seigneuriage américain ;

— la soumission des autres pays à la politique monétaire américaine.

Dans le droit fil de Triffin, Jacques Rueff (1963), relève « le dédoublement des bases du crédit résultant de l'organisation des paiements de l'époque : en cas de déficit américain on enregistrerait, en Europe et au Japon, un gonflement du poste « or et devises » des pays créanciers qui entrainerait une création de monnaie centrale dans ce pays. Cependant, du fait du placement aux Etats-Unis, des dollars ainsi accumulés par les banques centrales non américaines, il ne se produirait pas, en Amérique, la contraction compensatrice de la monnaie centrale qu'on serait en droit d'y attendre, du fait du déficit de la balance des paiements. Et le résultat, ce serait l'expansion de la monnaie, et, dans l'optique de la théorie quantitative, une accélération de l'inflation mondiale induite ». Ainsi Henri Bourguinat (1992) note effectivement que le taux moyen annuel de l'inflation mondiale qui était de 2,5%3 entre 1956 et 1965, était passé à 4,1% entre 1966 et 1970, période au cours de laquelle le déficit américain s'était vraiment creusé.

Pour Grubel (1972), Kirschen (1975) et bien d'autres économistes, comme le seigneuriage que conférait au Moyen - Age, le monopole du monnayage et de la dissociation entre valeur faciale de pièces et poids ou titre de leur contenu en métal, les Etats-Unis, pays –centre du système de Breton Woods, bénéficiaient de droit de seigneuriage par le financement de leur déficit en leur propre monnaie . De ce point de vue Grubel (1972) définit le seigneuriage comme « l'ensemble des rentes qui vont à l'émetteur public de la monnaie (réserves obligatoires non rémunérées, inflation) qui trouverait aussi une représentation au point de vue international ». A partir de n années de déficits liquidés, Il indique que l'on pourrait calculer le seigneuriage des Etats-Unis, par la valeur actualisée de tous les gains futurs, les américains tenant à ce que le règlement de ces déficits soit soldé en dollars ; soit

$$S = \left[ \left( \frac{R_1 - r_1 - c_1}{1 + d} \right) + \left( \frac{R_2 - r_2 - c_2}{(1 + d)^2} \right) + \text{-----} + \left( \frac{R_n - r_n - c_n}{(1 + d)^n} \right) \right]$$

R = la productivité marginale sociale des ressources acquises à partir du déficit (Investissements extérieurs rendu possibles par le financement du déficit en dollars)

r = le taux d'intérêt sur les dollars replacés aux États-Unis par les banques centrales gagnant les balances – dollars.

c = le coût des affaires, c'est-à-dire les frais et charges inhérents au rôle d'émetteur de la monnaie internationale, par exemple, les charges correspondant au rôle de prêteur en dernier ressort

d = le taux d'actualisation

D= le montant du déficit de la balance américaine

Avec l'hypothèse que R, r et c sont constants et la somme des déficits d'une période $\sum D$ égale aux accroissements en réserves officielles des banques centrales non américaines, on obtient :

$$S = \frac{R - r - c}{1 + d} \sum D$$

Swoboda (1983) et De Grauwe (1989) ont montré que l'un des inconvénients majeurs du système de Breton Woods est la soumission des autres pays (les n-1 pays) à la politique monétaire américaine.

Avec De Grauwe (1989), notons que A représente les Etats-Unis et B, le reste du monde. Alors, les fonctions de demande de monnaie sont les suivantes :

$$P_A . L_A ( Y_A , i_A )$$

$$P_B . L_B ( Y_B , i_B )$$

$L_A$ et $L_B$ sont les préférences de liquidité respectivement pour les deux pays A et B, $Y_A$ et $Y_B$, leurs revenus nationaux respectifs, $P_A$ et $P_B$, les niveaux de prix , et $i_A$ et $i_B$,, les taux d'intérêt nominaux.

On suppose que $i_A = i_B + \mu$, $\mu$ étant le taux de dévaluation anticipé du pays A.

En faisant l'hypothèse de l'anticipation d'une dévaluation dans A, alors $\mu > 0$, et le taux d'intérêt dans A croitra au titre de compensation. A l'inverse, en change fixe, si le taux de change de la monnaie de A est anticipé comme devant être stable, $\mu = 0$.

Avec $M_A$ et $M_B$, les offres de monnaie des deux pays ,en régime de changes fixes, on a, à l'équilibre:

$$P_A . L_A ( Y_A, i_A ) = M_A$$

$$P_B . L_B ( Y_B , i_B ) = M_B$$

Tout ceci peut être représenté graphiquement comme suit :

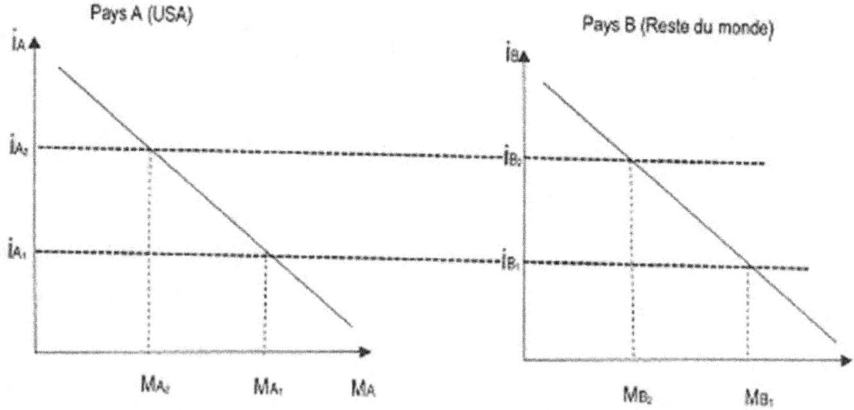


Graphique n°3

Sur le graphique no 3, si le pays A (les États-Unis) fixe par exemple son stock de monnaie à $M_{A1}$ , il impose du coup au pays B (le reste du monde), le montant de son stock de monnaie au niveau $M_{B1}$ et son taux d'intérêt de sorte que

$$i_{A1} = i_{B1}$$

Soit $M_{B1}$, le niveau du stock initial du reste du monde, c'est-à-dire le pays B qui décide de le réduire au niveau $M_{B2}$, fixant du coup son taux d'intérêt à $i_{B2}$, à un niveau plus élevé. Ceci entrainera une entrée de capitaux en provenance du pays A (les États-Unis) et forcera le reste du monde à acheter du dollar et à vendre sa propre monnaie.

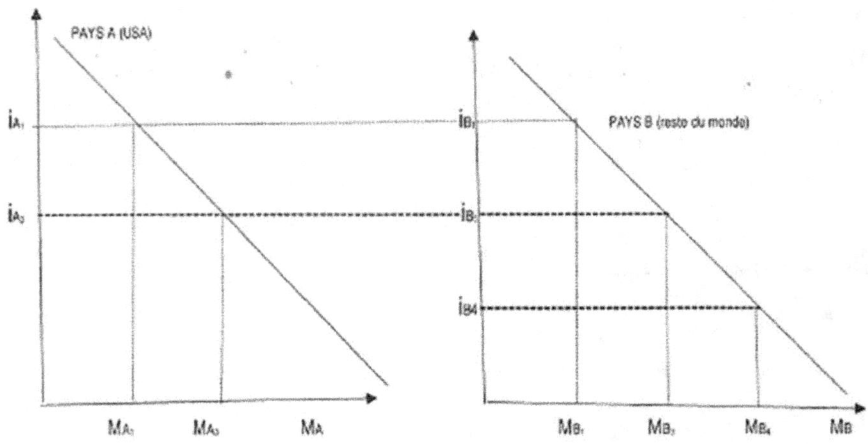


<u>Graphique</u> n°4

Dans le pays A, les Etats-Unis, ce sont des mouvements inverses qui se produisent. On a alors une diminution du stock de monnaie dans le pays A (sortie de capitaux) et une augmentation de capitaux dans le pays B.

De Grauwe pense que les effets de cette intervention ne seront pas symétriques parce que, d'un côté, les Etats-Unis feront de la stérilisation pour compenser les sorties des capitaux (achats de bons du trésor), et de l'autre, le reste du monde aura tendance à placer ses balances – dollars supplémentaires aux Etats-Unis. La conséquence, c'est que, sur le graphique 3, l'offre de monnaie des États-Unis se déplacera de $M_{A2}$ à $M_{A1}$, et le reste du monde s'adaptera à la politique américaine et ne pourra pas mener une politique monétaire indépendante.

Si les Etats-Unis commencent à pratiquer une politique monétaire inflationniste, le reste du monde importera cette inflation.

Sur le graphique 4, supposons que les Etats-Unis (A) portent leur offre de monnaie de $M_{A1}$ à $M_{A3}$ et que le reste du monde (B) veuille, en même temps, limiter sa masse monétaire interne et mener une politique anti-inflationniste. Le résultat, c'est une pression à la réévaluation de la monnaie de B et un affaiblissement de la crédibilité du cours de change initial :

— les spéculateurs vont anticiper la réévaluation de la monnaie de B ;

— μ devient positif (le dollar est anticipé à la baisse ; c'est une dévaluation). De Grauwe parle d'une sorte de « coin » alors introduite entre les taux d'intérêt de A et de B. et le taux d'intérêt de B doit décliner au-delà de $i_{B3}$ pour compenser la baisse anticipée du dollar, et par conséquent, la valorisation anticipée des actifs détenus en monnaie de B. « Le taux d'intérêt sera porté à $i_{B4}$, de telle sorte que, alors même que les Etats-Unis maintiennent leur taux d'intérêt à $i_{A3}$ et leur stock monétaire à $M_{A3}$, le reste du monde doit accepter que son taux d'intérêt descende à $i_{B4}$ et que son stock de monnaie augmente jusqu'à $M_{B4}$, du fait des achats de sa monnaie par les spéculateurs privés. ».

Dans le cas que nous venons de décrire, en plus du fait que le reste du monde doit s'accommoder de la politique monétaire expansionniste des Etats-Unis, des crises spéculatives peuvent conduire à une augmentation significative du stock mondial de monnaie. Certains économistes trouvent là, l'explication fondamentale de l'abandon du régime de change fixe.

Néanmoins, à la domination de l'économie américaine et à la prédominance de l'utilisation du dollar – roi, d'autres économistes ajoutent trois limites techniques, du système monétaire de Breton Woods, qu'ils dérivent des premières :

— le privilège exorbitant accordé aux Etats-Unis d'Amérique, pays émetteur de la monnaie internationale en ce qui concerne le financement de ses déficits qui les exonère de toute sanction en cas de déficit de leurs balances des paiements ;

— la soumission des n-1 autres pays du système à la politique monétaire américaine (ce que nous avons déjà mentionné) ;

— l'adaptation du régime de changes fixes à un environnement de capitaux peu ou pas mobiles qui subit davantage de pressions, au fur et à mesure du renforcement de l'intégration financière internationale, surtout à la fin des années 1960.

**Tableau n 2 : Réserves et engagements des États-Unis (1959-1971) en milliards de dollars**

| Années | 1959 | 1961 | 1963 | 1965 | 1967 | 1969 | 1971 |
|---|---|---|---|---|---|---|---|
| Engagement total | 21,5 | 18,8 | 16,8 | 15,4 | 14,9 | 17 | 12,2 |
| dont or | 19,6 | 16,9 | 15,6 | 13,8 | 12 | 11,9 | 10,2 |
| Engagements liquides | 19,4 | 22,9 | 26,3 | 29,6 | 36,7 | 45,8 | 67,7 |
| dont vis-à-vis des Banques centrales étrangères | 10, 1 | 11, 8 | 14,4 | 15,8 | 18,2 | 16 | 21,4 |

Source: FED

Depuis les années 1960 donc, et face aux déséquilibres persistants des balances des paiements causés, en partie, par le relèvement spectaculaire du prix du pétrole en 1973-1974 et en 1979, des « pistes de réflexion avaient été explorées, en vue de rééquilibrer le déficit des Etats-Unis et introduire une plus grande flexibilité de taux de change dans le système monétaire international, à partir des idées exprimées depuis 1970 par Richard Cooper et autres » (Schenk, 2016). Un groupe présidé par le président de la Fed, « Paul Volker, avait proposé, en 1972, des indicateurs, par exemple, un seuil de volume de réserves à partir duquel il faut déclencher des pressions multilatérales sur le pays concerné pour l'obliger à ajuster son taux de change ». Sans le soutien initial de certains pays européens dont la France (non favorable au système de taux de change flottant), cette proposition avait été évoquée, dans les années 1980 et les années 2000, comme une voie pour décourager l'accumulation de déficits au niveau international. Comme le soulignent Bordo et Schenk (2016), le problème majeur qui émerge de cette période, c'est comment raviver le système monétaire international basé sur des règles quand les priorités de politique interne divergent.

Milton Friedman (1953) a expliqué que « le système de taux de change flottants a l'avantage de protéger l'économie nationale contre les chocs monétaires internationaux et de donner l'indépendance aux autorités monétaires pour la conduite de la politique monétaire en vue d'atteindre les objectifs internes sans imposer des contrôles de capitaux ». Pour lui, « l'indépendance par rapport à la contrainte de taux de change fixe requiert des autorités monétaires de suivre une politique monétaire stable basée sur des règles ; en d'autres termes, la banque centrale doit adopter un taux de croissance stable de la masse monétaire égal au taux de croissance du PIB réel ajusté du taux de croissance tendanciel de la vitesse de circulation de la monnaie ». Autrement, l'instabilité monétaire, en plus du fait qu'elle produit l'instabilité des prix et du revenu réel, conduit aussi à l'instabilité du taux de change nominal.

Il a fallu plus de deux décennies pour que les banquiers centraux (y compris les responsables de la FED) comprennent la leçon enseignée par le Maître de Chicago. Alors, le système monétaire international passa, à partir de mars 1973, au régime de change flottant dès l'instant que les banques centrales n'intervenaient plus aux marges. Et le régime de change flottant sera consacré officiellement en janvier 1976 par les Accords de Kingston (Jamaïque) à la réunion du Comité intérimaire du FMI.

Mais, au cours de la période 1973 - 1980, les politiques de coopération monétaire et d'interventions coordonnées sur le marché des changes avaient échoué parce que la plupart des banques centrales n'avaient pas suivi correctement la politique monétaire basée sur les règles pour préserver un taux d'inflation bas s'accommodant à un système de taux de change flottants.

Le régime de change flottant était censé apporter un certain nombre de changements dans le fonctionnement du système monétaire international :

— la formation des cours de change déterminée par les conditions d'offre et de demande du marché ;

— l'élimination du rôle des banques centrales dans la mesure où leurs interventions, à partir des réserves de change, étaient désormais devenues inutiles, les taux de change devant s'équilibrer automatiquement sur le marché ;

— l'usage du taux de change comme instrument principal d'ajustement .de l'économie de chaque pays aux conditions du marché international ;

— l'autonomie des politiques monétaires. Les banques centrales n'intervenant plus pour soutenir les taux de change dans le cadre d'un système de marges préfixées, la relation obligée entre balance des paiements et création monétaire, en régimes de change fixe, n'avait plus de raison d'exister ; chaque pays pouvait désormais assigner sa politique monétaire à des objectifs économiques internes ;

— la stabilisation du phénomène de spéculation. La libre détermination du taux de change par le marché était, pensait-on, capable de réduire les activités spéculatives des agents économiques dont « le comportement, en régime de change fixe, déstabilisait le marché parce qu'allant toujours dans le même sens de la dévaluation ou de la réévaluation » (Henri Bourguinat, 1992).

Le système de change flottant, préconisé par des économistes dont Milton Friedman, Sohmen (1963) etc., comme le bon instrument d'ajustement macroéconomique, pour éviter aux Etats les dévaluations ou réévaluations répétitives, et soutenu par les Etats-Unis « soucieux de prendre quelque liberté par rapport au dollar demeuré intangible depuis1934 », et par l'Allemagne « RFA) « ,préoccupée par les interventions inflationnistes sur le marchés du change, ne pouvait qu'être adopté, malgré la réticence de la France et l'opposition des arguments théoriques développés par Nurske ( 1944) concernant « la forte instabilité et les spéculations déstabilisatrices de la période d'après- première - guerre - mondiale, surtout sur la période 1931-1936 ». On enterrait ainsi le système de Breton Woods malgré le développement extraordinaire du commerce mondial qu'il avait énormément contribué à engendrer.

Les années 1980 marquèrent « le retour au consensus en théorie et politique monétaires. Les banques centrales du G10, malgré leur manque d'indépendance, s'organisèrent pour combattre l'inflation et éviter les taux de change à court terme déstabilisants, à travers le partage d'information, les échanges d'idées et les débats.

Mais, Bordo et Schenk (2016) observent que l'expérience d'indépendance de la banque centrale et la cible transparente d'inflation en Nouvelle Zélande contribuèrent à la crédibilité des règles de politiques monétaires en même temps que la théorie économique et la compréhension de la politique monétaire étaient renforcées par la Règle de John Taylor.

Au cours des années 1980 donc, « on était retourné au système de règles, basé sur la politique monétaire des banques centrales indépendantes agissant dans les intérêts de leur propre pays qui, par ailleurs, semblait avoir généré une long période d'inflation modérée ». Mais, la volatilité des taux de change continuait, et ces années 1980 connurent des actions de coordination de taux de change et de politique fiscale.

Bordo et Schenk (2016) notent qu'à la fin des années 1980, « la plupart des pays avancés avaient un niveau d'inflation bas, avaient reconnu l'indépendance de leur banque centrale et suivaient la politique monétaire basée sur les règles. Ceci conduisit à vingt années d'inflation basse et stable, et à un taux de croissance rapide et stable. La plupart des perturbations dans l'économie mondiale apparurent dans les économies émergentes ».

Pendant que la plupart des pays industrialisés adoptaient le change flottant ou flottant surveillé, les économies émergentes (Mexique, Thaïlande, Indonésie, Corée du Sud, Brésil, Argentine, Russie) avaient adopté le système de taux de change fixe, mais ajustable, malgré la faiblesse de leur système financier et l'étroitesse de leurs marchés de change. A la demande du FMI, ces économies libéralisèrent leurs marchés de capitaux, mais la faiblesse de leurs institutions financières contribua à propager la crise financière et de devise des années 1990 comme le dollar se dépréciait (Bordo et Schenk, 2016). Cette menace qui semblait systémique, par la contagion des économies avancées, poussa à une coopération internationale dans laquelle les banques centrales agissaient en prêteurs en dernier ressort en complément des ressources du FMI. Ainsi la coordination de politique monétaire internationale était faite à travers le FMI, puis les banques centrales et les ministères des finances des pays membres du FMI.

Toutefois, Bordo et Meissner (2016) remarquent que la faiblesse du système financier, le surendettement en devises étrangères, les garanties gouvernementales de dettes et les investissements exubérants contribuèrent à fragiliser le système.

Face à la crise de 2007, les banques centrales s'engagèrent individuellement, dans des politiques monétaires fortement expansionnistes, surtout après la faillite de Lehman Brothers qui provoqua une véritable panique à l'échelle mondiale ; la FED, la Banque d'Angleterre et les autres banques centrales prêtèrent beaucoup d'argent à des taux directeurs (ou taux de d'escompte) presque nuls. La FED réactiva ses lignes de swap - échanges de lignes de crédits - pour procurer de la liquidité en dollars à la Banque Centrale Européenne et autres banques centrales, pour faire face aux besoins de liquidité en dollars causées par la liquidation des titres de crédits immobiliers libellés en dollars et autres créances douteuses ou toxiques détenues par leurs banques commerciales et autres institutions financières.

Si la crise financière fut surmontée à la fin de 2008, l'économie réelle, elle, continuait de se contracter de sorte que les banques centrales continuèrent de pratiquer des taux d'escompte qui frisaient 0 %. Et la FED commença sa politique non conventionnelle d'open- market à grande échelle (Quantitative Easing or QE), pour l'achat des actifs de long terme du Trésor Américain et de crédits immobiliers, qui permit de stopper la crise ; Néanmoins, les externalités négatives sur l'économie mondiale posaient problème, à cause de leurs effets néfastes sur les économies émergentes, effets produits par les flux de capitaux et la volatilité des taux de change. En effet, la pratique de taux d'intérêt à court terme presque nuls et de bas niveaux de taux d'intérêt à long terme dans les économies avancées et la forte augmentation dans leurs comptes (bilans) encouragèrent davantage la recherche de gains et provoquèrent d'importants flux de capitaux vers les pays émergents. Le différentiel de taux d'intérêt, entre économies avancées à monnaies de réserve et économies émergentes, avait donné lieu à une forte pression sur les mouvements de capitaux vers les économies émergentes, conduisant ainsi à une appréciation des monnaies des pays émergents. Ceci provoqua de l'inquiétude à propos de ce que l'on appelait « la guerre de devises ». Mais, comme le soulignent Mohan et Kapur (2013), « la volatilité des capitaux se poursuivait parce que les investisseurs étaient plus guidés par les scénarii de risques dans les pays sources de capitaux (économies avancées) que dans les pays émergents récipiendaires (économies de marché émergentes) ». A titre d'exemples, ils citent l'interruption des flux de capitaux des années 2010 vers les économies émergentes, provoquée par la crise de dette souveraine dans la zone euro en 2011 et l'arrêt, à nouveau, à mi-2013, malgré la reprise des flux de capitaux en 2012.

Si, les externalités de la politique non conventionnelle de la FED et autres banques centrales représentent des menaces pour les économies émergentes, et par extension pour les économies des pays en développement, les faiblesses des structures des systèmes financiers de ces pays et l'étroitesse de leurs marchés de capitaux, la mauvaise gouvernance et l'instabilité macroéconomique sont autant d'obstacles au fonctionnement normal de ces économies.

Toutes ces expériences de coordination et de coopération de politique monétaire ont connu des fortunes diverses au fil des décennies. La théorie économique a produit un développement abondant sur le sujet.

Persson et Tabellini (1995, 2000) ont, les premiers, montré que la coopération internationale à travers l'instauration d'institutions de politique monétaire peut conduire à une amélioration de la production économique au niveau international, même en absence d'accords internationaux formels. Toutefois, ils modèrent leur thèse en reconnaissant « qu'une plus grande compréhension du sujet doit être apportée par la théorie économique à travers les fondements rigoureux de bien-être pourvus par la Nouvelle Macroéconomie de l'Economie - Ouverte ».

Fort heureusement, des économistes dont Obstfeld et Rogoff (1995,1996),Corsetti et Pesenti (2000), Ghironi(1999 et Gali et Monacelli (2000) vont construire le développement théorique attendu.

L'analyse de la coordination et de la coopération de politique monétaire entre banques centrales a regagné de l'intérêt depuis la crise financière de 2007-2008. Mais, elle trouve ses racines dans ce qu'il est convenu d'appeler la Nouvelle Macroéconomie de l'Economie Ouverte (the New Open - Economy Macroeconomics, en anglais) qui fait référence à un nouveau cadre théorique pour l'analyse en économie ouverte. Obstfeld et Rogoff (1995, 1996) ont publié les premiers travaux relatifs à ce nouveau cadre d'analyse.

A partir de la construction de modèles d'équilibre général en concurrence imparfaite, avec existence de rigidités nominales, la Nouvelle Macroéconomie de l'Economie - Ouverte a réexaminé la théorie traditionnelle de la transmission des chocs monétaires et de taux de change, et a permis « d'élaborer des politiques de stabilisation optimales, d'identifier les dimensions internationales de la politique monétaire optimale et de soulever les problèmes de désirabilité de la coordination internationale de politique monétaire » ( Corsetti, 2005).

La Nouvelle Macroéconomie de l'Economie-Ouverte a fait l'objet de plusieurs analyses.

Dans un article publié en 1999, Fabio Ghironi démontre, à l'aide de l'exemple de deux économies, l'une supposée de petite dimension (Canada), et l'autre, une grande économie(USA), comment un choc peut être transmis d'une économie à l'autre, dans un régime de politique d'inflation - cible. Mais, l'impact de la transmission en termes de gains dépend du degré de connexion entre les économies.

Pour Obstfeld et Rogoff (2002), si les liens entre les économies sont relativement faibles, les potentiels gains engendrés par la coordination de politique monétaire internationale sont très limités. Si, au contraire, les marchés des biens et services et les marchés financiers des pays sont étroitement liés, et que les pays élaborent de façon unilatérale leur politique monétaire, les gains de stabilisation, dus au fait d'avoir sa propre monnaie, ne sont nullement affectés par l'absence de coordination de politique monétaire. Ces auteurs relèvent cependant une exception, le cas d'aversion de risque élevé.

Zheng Liu et Evi Pappa (2005, 2007), tout en reconnaissant les gains potentiels de bien-être générés par la coordination de politique monétaire, nuancent les conclusions de Rogoff et Obstfeld en distinguant deux cas de figure : la situation où les pays ont des structures commerciales symétriques qui procure de petits gains de coordination ; le cas de structures commerciales asymétriques entre les pays qui débouche sur des gains substantiels. En effet, l'étude de ces deux économistes a porté sur un monde composé de deux pays dotés chacun d'un secteur de biens marchands et d'un secteur de biens non marchands et a conclu « qu'une politique monétaire optimale ne peut affecter (ou modifier) le taux naturel d'allocations. Alors, il y a possibilité de gains de bien-être engendrée par la coordination dans la mesure où, en régime de coopération, le décideur internalise les externalités des termes de l'échange que les banques centrales ont tendance à ignorer. De surcroit, la politique optimale crée un biais de termes de l'échange en faveur du pays ayant un important secteur de biens échangeables.

En réalité, l'analyse de la coordination et de la coopération internationales en matière de politique monétaire s'apparente, dans une certaine mesure, à un cercle vicieux parce que, leur absence autant que leur existence, semble provoquer des problèmes d'externalités :

— la coordination et la coopération, malgré les gains procurés, occasionnent la contagion systématique du système monétaire international en cas de chocs puisque tout le système est lié (peu importe si les liens entre les pays coopérants sont étroits ou non) ;

— les pays ne respectent pas à la lettre les engagements pris, par exemple, le maintien du taux de change fixe quand ils font face à des difficultés internes de sorte que les bonnes intentions ne se transforment pas toujours en résultats réels ;

— en absence de coordination et de coopération, les externalités ne se propageraient pas de façon systématique dans le système monétaire international.

Bernanke (2013) soutient la thèse de l'effet bénéfique de la politique monétaire non conventionnelle, pratiquée par les pays développés, sur les économies des pays émergents, à travers les externalités positives pour les partenaires commerciaux, de même que le FMI (2013) qui clame haut et fort que « généralement, ce qui est bon pour les économies des pays avancés l'est pour l'économie mondiale » ; à cet égard, et à titre d'exemple, le FMI relève que la politique monétaire non conventionnelle a accru, en 2013, le PIB des Etats-Unis de 2 points de pourcentage, l'accroissement du PIB britannique étant de 0,1 point et variant autour de 0,8 % point de pourcentage pour les autres pays développés. Or, les données empiriques indiquent des résultats discutables et l'effet reste difficilement mesurable. Thorstein (2013, 2014) conteste ces effets positifs en soutenant qu'ils s'évaporent très rapidement, dans un délai d'un à deux mois, quand ils existent.

Le modèle économétrique de Wen (2012) démontre que la politique monétaire non conventionnelle ne peut pas stimuler la production et l'emploi au niveau interne à moins que les achats privés d'encaisses soient persistants et extrêmement importants.

Globalement, la politique monétaire non conventionnelle semble avoir des effets bénéfiques limités sur les économies des pays développés même si elle a permis d'arrêter la dépression en 2008-2009.

Pour les pays émergents, un modèle économétrique de la FED démontre que les effets positifs dépassent et contrebalancent largement les effets négatifs sur les économies émergentes (Bernanke, 2013) quand John Taylor (2013) conclut à son impact négatif sur les économies émergentes de l'Amérique Latine et de l'Asie.

Le débat, sur la coordination de la politique monétaire internationale ou son absence, a été davantage ravivé depuis 2014, à la suite de la réapparition des difficultés financières dans certains pays émergents, difficultés que Rajan (2014) attribue au manque de prise en compte des autres économies dans les politiques de la FED. Cette prise de position est partagée par Buiter (2014) et Eichengreen (2014) qui demandent que la FED reconnaisse l'impact significatif de ces politiques sur le reste de l'économie mondiale.

Kapur et Mohan (2014) ont également examiné les externalités des politiques monétaires non conventionnelles des pays développés sur les économies de marché des pays émergents, provoquées par la volatilité des flux de capitaux et de taux de change et ont conclu à des effets négatifs. Pour eux, les pays développés doivent, en conséquence, reconnaitre ces externalités négatives, et leurs banques centrales devront prendre des dispositions appropriées pour réduire les risques auxquels les économies émergentes sont exposées. Dans cette optique, Eichengreen (2014) suggère que la FED « négocie, de façon permanente, des liquidités sous forme de swaps, avec les principaux pays émergents, comme elle le fait avec les autres pays avancés ».

Certains économistes, au contraire, trouvent les sources de la volatilité dans les pays émergents, non pas dans les politiques de la FED, mais dans l'échec des politiques internes de ces pays (Prasad, 2014), car, il est tout à fait illusoire et « naïf de penser que les pays développés ajusteront leurs politiques économiques en fonction des conditions économiques d'ailleurs » (Rodrik et Subramanian, 2014).

De façon générale, la coordination et la coopération internationales en matière de politique monétaire procurent des gains plus ou moins importants ; mais, ces gains sont négatifs en ce qui concerne les pays émergents et les pays en développement (également de petites économies aux marchés financiers embryonnaires ou inexistants, soumises à la volatilité des capitaux et des taux de change). De toute évidence, l'Afrique n'y échappe pas.

Or, dans la conduite de la politique monétaire internationale non conventionnelle ou basée sur la coopération et la coordination, l'Afrique n'est pas impliquée ; dans l'application éventuelle des propositions de réforme du système monétaire international basée sur les trois blocs de McKinnon ( 1988), la zone – cible de Williamson ( 1983-1985, 1987) et Williamson et Miller (1987), la taxe de James Tobin (1978) ou la zone cible- élargie de Edison (1987), Krugman ( 1988 ) et Boughton (1989), l'Afrique ne serait ni partie prenante dans le processus d'élaboration ni impliquée dans les prises de décisions de politique monétaire. Toutefois, elle subirait les conséquences positives ou négatives des politiques monétaires qui seraient conduites en cas d'application des réformes.

Dans le cas actuel du statut quo, c'est-à-dire sans réforme du système monétaire international ou de manque de véritable coopération et de coordination monétaire, l'Afrique a grand intérêt à s'organiser économiquement pour se prémunir contre les externalités négatives, présentes ou futures, de la politique monétaire internationale coordonnée ou non conventionnelle de l'Occident. La création et le fonctionnement optimal de la ZMA, entre autres objectifs, y contribueront énormément.

### *3.4.3. Le régime de change pour la ZMA et les zones monétaires africaines*

Le choix du régime de change par un pays ou une zone monétaire est une décision importante parce qu'il exercice un impact significatif sur les résultats économiques du pays ou de l'union. Il a fait l'objet d'une abondante littérature économique, en parallèle avec le débat sur la théorie de la zone monétaire optimale elle-même.

Depuis que le Comité Intérimaire du FMI a mis fin au système monétaire de parités fixes mais ajustables, par les Accords de Kingston(Jamaïque) du 8 Janvier 1976 qui ont officialisé le système de change flottant, après la déclaration de l'inconvertibilité du dollar par la président Nixon en 1971 et la dévaluation du dollar en 1973, les pays et les unions monétaires font face à un dilemme : doivent – ils, oui ou non, arrimer leur monnaie à une devise étrangère ? Pour les pays africains de la zone CFA, le choix a été fait depuis longtemps, avec la fixité de parité avec le franc français autrefois, et depuis 1999, avec l'euro (1 euro = 655, 957 francs CFA). Les pays de la ZMAO ont choisi de garder leurs monnaies nationales respectives en attendant la monnaie commune de la zone monétaire CEDEAO, l'Eco, qui a d'ailleurs été créée depuis le 29 juin 2019. Dans les marchés communs SADC et COMESA, les Etats – membres ne partagent pas de monnaie commune. Mais, quel choix pour le régime de change la future ZMA ?

Pour le choix d'un régime de change, les économistes comme Heller (1978), Weil (1987) et Savvides (1990) relèvent 5 facteurs caractéristiques à prendre en compte :

— la taille du pays (ou de la zone monétaire) ;

— le degré d'ouverture sur l'extérieur ;

— le degré d'intégration financière internationale ;

— le niveau du taux d'inflation par rapport à la moyenne du taux d'inflation mondial ;

— la part du commerce extérieur du pays (ou de l'union monétaire) dans le commerce mondial.

Si Heller (1978), Savvides (1990) et Weil (1987) affirment que le choix du régime de change va de pair avec les caractéristiques du pays, Honkapohja et Pikkarainen (1992) disent n'avoir pas trouvé de données empiriques soutenant cette assertion. Ces derniers pensent même que c'est une erreur que de retenir le différentiel d'inflation parmi les variables explicatives du choix du taux de change, car il en est la conséquence et non la cause. Par contre, ils admettent que les petits pays et les pays avec peu de production diversifiée ont tendance à adopter un taux de change fixe. Toutefois, ils récusent l'idée d'un quelconque impact, sur le choix de régime de change, du niveau de développement d'un pays, de l'ouverture du secteur réel ou financier, de la diversification commerciale géographique et des fluctuations des termes de l'échange.

Flood et al (1989) soutiennent que l'évolution du régime de taux de change est déterminée par l'évolution des facteurs déterminants de l'objectif - cible. Et ils expliquent « l'évolution graduelle du régime de parité fixe vers celui de change flottant de certains pays en développement, au cours de la période 1969-1987, par les modifications dans la structure de leurs économies, par exemple, en termes de variabilité de taux de croissance monétaire et de taux d'inflation ».

Paul Hallwood et Ronald MacDonald (2000) expliquent qu'en cas de rigidité des prix et / ou d'immobilité de ressources internes entre secteurs d'activités, toute modification dans les prix relatifs causée par des fluctuations de taux de change entre pays tiers pourrait induire du chômage ( avec la détérioration des termes de l'échange) ou se transformer en inflation ( avec une amélioration des termes de l'échange) : « Thus, even if developping countries were always to follow a disciplined monetary policy which, of course, many do not, balance of payments deficits could still occur, being caused by fluctuations in their terms of trade T over which they have little control ».

De nombreux autres économistes ont confirmé la thèse qui fait reposer le choix du régime de change par un pays sur les critères déterminés.

*3.4.3.1. Le régime de change de la ZMA*

Par référence à la théorie économique, quel doit être le régime de change approprié pour la ZMA ? Change flottant ou change fixe ?

En général, les petits pays étant des « Price - taking countries » - des pays preneurs de prix - sur le marché mondial, ils ne peuvent espérer ajuster leur balance des paiements à partir des effets des termes de l'échange par la modification de leur taux de change. Avec respectivement des parts d'exportations se situant entre 0,1 % et 1,6 %

et d'importations variant entre 0,4 % et 1,3 % entre 1970 et 2010 (sans perspective d'amélioration significative étant donné l'évolution des huit dernières décennies) des exportations et importations du commerce mondial (cf. tableau n° 3), la CEDEAO et les futures zones ZMA, SADC, et COMESA ne pourront pas adopter un système de taux de change flottant. La part du commerce africain dans le commerce mondial des marchandises de 3,2 % et 4,2 % entre 2010 et 2015 ne permet pas de projeter une amélioration substantielle à moyen et long termes au point d'envisager un régime de change flottant pour la future ZMA.

Du point de vue géographique, l'immensité de l'Afrique est réelle. Elle s'étend sur une superficie de 30.415.873 km², a une population de 1.216.130.000 d'habitants (en 2016) et un PIB de 2.513 milliards de dollars (en 2018). En termes de production, elle représente une très faible part de la production économique mondiale (4,5 % en 2016). L'Afrique est une petite économie, donc un espace économique preneur de prix sur le marché mondial qu'elle ne peut pratiquement influencer. En cas d'adoption de change flottant, la ZMA ne peut influencer la balance des paiements par une variation de son taux de change nominal. De plus, les pays africains sont presque tous exportateurs de matières premières dont ils ne peuvent influencer véritablement le cours. En conséquence, par rapport au facteur taille économique, il est préférable, pour la ZMA, d'opter pour un régime de taux de change fixe.

Bien que générant une faible part de la production économique mondiale, l'Afrique est grandement ouverte sur l'extérieur. Ses principaux partenaires commerciaux sont l'Union Européenne, l'Asie (Chine et Japon) et l'Amérique du Nord. En 2014, les échanges commerciaux avec la Chine étaient de 222.000.000.000 de dollars américains quand ils se chiffraient à 73.000.000.000 de dollars avec les Etats-Unis d'Amérique. La ZMA ne peut donc qu'adopter un taux de change fixe puisque, d'une part, une variation du taux de change en vue de modifier le rapport de prix entre biens échangeables et biens non échangeables serait moins efficace pour assurer l'équilibre, et d'autre part, un change flottant conduirait à une inflation généralisée au niveau interne. Seul le régime de change fixe convient à l'Afrique quand on se réfère au facteur ouverture sur l'extérieur.

En ce qui concerne l'intégration dans le système financier international, force est de constater que l'Afrique y est presqu'absente (avec l'inexistence de véritables marchés financiers et l'absence de banques africaines à dimension internationale). La ZMA ne peut donc que retenir le système de change fixe par référence à un tel bas degré d'intégration financière.

Comme expliqué antérieurement, le différentiel de taux d'inflation dans la ZMA par rapport à la moyenne mondiale ne devra pas être important, en grande partie, à cause de la substituabilité des devises (cf. la partie sur la CEDEAO). D'où la préférence pour un taux de change fixe.

On en conclut que la ZMA pourrait constituer, statutairement ou de fait, le quatrième bloc ou le huitième pays, dans un régime de change fixe avec les autres blocs européen, américain et asiatique ou avec le groupe des sept pays les plus industrialisés, en cas de réformes du système monétaire international telles que suggérées par McKinnon (1987), Edison(1987) et al et Boughton (1989).

| | | EXPORTATIONS | | | | IMPORTATIONS | | | |
|---|---|---|---|---|---|---|---|---|---|
| | | 1970-1979 | 1980-1989 | 1990-1999 | 2000 -2010 | 1970 -1979 | 1980 -1989 | 1990 -1999 | 2000 -2010 |
| AFRIQUE | | 4,9 | 4,1 | 2,4 | 2,8 | 4,3 | 4,0 | 2,4 | 2,5 |
| | Afrique de l'Est | 0,6 | 0,3 | 0,2 | 0,2 | 0,7 | 0,4 | 0,3 | 0,3 |
| | Afrique Centrale | 0,4 | 0,4 | 0,3 | 0,4 | 0,3 | 0,3 | 0,1 | 0,2 |
| | Afrique du Nord | 1,7 | 1,5 | 0,8 | 1,0 | 1,5 | 1,6 | 0,9 | 0,9 |
| | Afrique Australe | | | 1,07 | 0,6 | 0,8 | 0,9 | 0,7 | 0,8 |
| | Afrique de l'Ouest | 1,3 | 0,9 | 0,5 | 0,6 | 1,1 | 0,8 | 0,4 | 0,4 |
| COMESA | | 0,2 | 1,1 | 0,1 | 0,1 | 1,2 | 1,3 | 0,7 | 0,6 |
| CAE | | 0,4 | 0,4 | 0,3 | 0,4 | 0,2 | 0,2 | 0,1 | 0,1 |
| CEDEAO | | 1,2 | 0,9 | 0,5 | 0,6 | 1,0 | 0,8 | 0,4 | 0,4 |
| SADC | | 1,6 | 1,4 | 0,9 | 1,0 | 1,3 | 1,2 | 0,9 | 0,9 |

Source: OCDE et EUROSTAT

Tableau n⁰ 3 : Parts des groupes commerciaux régionaux de l'Afrique dans les exportations et importations dans le commerce mondial 1970 - 2010 (%)

*3.4.3.2. Le taux de change des autres unions monétaires africaines*

Comme nous l'avons déjà relevé, la théorie économique retient, en générale, cinq facteurs qui conditionnent le choix du régime de change pour un pays ou une union monétaire ; par rapport à ces cinq critères, quel devra être le régime de change des autres zones monétaires africaines ?

Comme l'union monétaire CEDEAO, les futures unions régionales, SADC, COMESA étant ouvertes sur l'extérieur, elles ne pourront pas agir sur leur taux de change pour modifier le ratio entre le prix des biens marchands et le prix des biens non marchands. Ceci milite en faveur de l'adoption d'un taux de change fixe de leur part.

Un niveau élevé d'intégration financière internationale favorisant l'adoption d'un taux de chance flottant, ces zones pourraient y recourir, si elles étaient largement intégrées au système financier international. Malheureusement, ce n'est pas le cas avec leurs parts négligeables du commerce mondial, la quasi - inexistence de marchés financiers africains, l'insuffisance du secteur bancaire africain et l'absence de banques africaines de dimension multinationale qui les relèguent à la marge du système financier international.

Par exemple, en 2006, en termes de marchés financiers, on comptait vingt bourses en Afrique dont quatorze avaient moins de cinquante compagnies en cotation. Avec une capitalisation de 950 milliards de dollars, toujours en 2006, le marché boursier africain ne représente, à la même date, qu'une goutte d'eau dans l'océan de la capitalisation boursière américaine de 25.000 milliards de dollars (plus de 26 fois le volume de transactions boursières africaines) représentent le tiers (1/3) de la capitalisation boursière mondiale.

Une large différence entre le taux d'inflation de ces zones et le taux moyen d'inflation mondiale aurait motivé le choix d'un taux de change flottant. Or, la mondialisation de l'économie et surtout le mécanisme de transmission (cf. the concept of currency substitution de Girton et Roper, 1981 et de McKinnon, 1988) bien connu de l'inflation à l'échelle internationale ( exportation de l'inflation) laissent croire que le différentiel de taux d'inflation demeurera relativement faible entre les taux des espaces économiques et zones monétaires africains et la moyenne de l'inflation mondiale même si les études empiriques de Meese et Rogoff ( 1984, 1988) atténuent les effets de substitution de devises ( à court terme) à cause de la substituabilité des encaisses non monétaires, elle-même remise en question par MacDonald R. et Marsh (1999). On peut également noter, dans le mécanisme de transmission, les effets des déséquilibres du compte courant et de la diversification du portefeuille. Il faudra donc adopter, pour les futures zones africaines, un taux de change fixe au regard du différentiel de taux d'inflation.

Enfin, une concentration commerciale géographique, comme c'est le cas de ces zones en Afrique Occidentale et en Afrique australe, militera pour l'adoption d'un taux de change fixe pour les protéger contre les grands partenaires commerciaux.

De toute évidence, l'adoption d'un taux de change fixe est, rationnellement, le système idéal pour les futures zones monétaires en Afrique. Alors se pose la question de savoir à quelle devise étrangère doit-on arrimer, de façon fixe, leur taux de change ?

### *3.4.4. L'arrimage aux devises étrangères*

En absence de réforme, et dans le fonctionnement actuel du système monétaire international, la ZMA pourrait adopter une parité fixe de sa monnaie, soit par rapport aux trois monnaies dollar, euro, yen, soit par rapport à l'une d'elles, en fonction de la part plus importante du pays émetteur dans la structure de son commerce extérieur, de son degré d'ouverture et de son degré d'intégration financière avec les Etats-Unis, l'Union Européenne et le Japon. En cas de fixité de parité avec une seule devise, l'euro serait préférable. Mais, l'échéance 2063 pour la création et le fonctionnement de la ZMA et l'adoption de la monnaie commune étant très longue, les économies des pays africains membres auront connu, d'ici là, un développement certain et auront eu accès à une part relativement importante des marchés des pays d'Amérique et d'Asie, probablement, dans les mêmes proportions que ceux de l'Europe. Dans de telles perspectives, il serait désirable que la ZMA arrime aussi sa monnaie, par une parité fixe, au dollar américain et au yen japonais. La théorie économique nous donne les explications sur de tels choix.

En effet, la question de l'arrimage de la monnaie d'un pays à une devise étrangère a été abordée par plusieurs économistes. Une formalisation en a été faite par Lipschitz(1979) :

soit

la zone monétaire CEDEAO, « preneur de prix », avec l'hypothèse qu'elle exporte tous ses produits aux USA et importe tout du Japon.

T, les termes de l'échange

$S^{us}$, le prix du dollar en monnaie nationale (monnaie communautaire CEDEAO)

$S_{y/s}$, le prix en yen du dollar

$P^{a}_{x}$, le prix des exportations en dollars

$P^{j}_{m}$, le prix des importations en yen

$$T = P^{a}_{x} . S^{us} / P^{j}_{m} (S^{us} / S_{y/s}) = ( P^{a}_{x} / P^{j}_{m} ) S_{Y/S} \qquad (14)$$

Ainsi les termes de l'échange de la zone CEDEAO, comme l'indique l'équation (14), ne semblent pas dépendre de son propre taux de change. Ils dépendent uniquement des prix des produits fixés dans les deux grands pays partenaires commerciaux (USA et Japon) et du taux de change entre ces deux pays. Au cas où le taux de change yen-dollar ne diverge pas par rapport à la parité du pouvoir d'achat, les fluctuations du taux de change ne peuvent affecter les termes de l'échange de la zone CEDEAO. Par contre, quand les termes de l'échange diffèrent de la parité du pouvoir d'achat, il y a possibilités de perturbations (chocs) sur les termes de l'échange, auquel cas il importe de savoir si la zone CEDEAO adopte une parité fixe par rapport au yen, au dollar ou à un panier de monnaies. Or, les perturbations contre les termes de l'échange affectent la distribution interne du revenu, les allocations de ressources entre les secteurs des biens échangeables et des biens non échangeables. Rationnellement, l'union monétaire CEDEAO devra négocier une parité fixe de l'Eco, sa monnaie avec l'euro, le yen et / ou le dollar américain.

De nombreux économistes ont confirmé les critères déterminants du choix du régime de change. Pour Branson et Kaletseli -

Papaefstratiou(1981), « le choix de l'arrimage d'une monnaie à une autre monnaie par un taux fixe devra être déterminé par la structure géographique du commerce extérieur du pays considéré » ; et les deux auteurs de préciser : « En particulier, s'il commerce principalement avec un pays partenaire, il devra adopter la fixité de parité de change par rapport à la monnaie de ce partenaire, parce que la fixité de parité aidera à stabiliser, entre autres, les prix relatifs par compression des fluctuations de taux de change ». Ils citent, comme exemple, « l'arrimage des monnaies de pays en développement au dollar américain ou au défunt franc français » ou à l'euro de l'Union Européenne aujourd'hui, pourrait-on ajouter.

A l'évidence, la relation monétaire de la zone CEDEAO avec l'Union Européenne, les Etats - Unis d'Amérique ou le Japon, conformément à la démonstration ci-dessus, devra reposer sur l'arrimage, par une parité fixe, de l'Eco, sa monnaie avec l'euro, le dollar américain et/ou le yen, parce que :

— la zone CEDEAO est un petit espace économique (price taking country), avec une production peu diversifiée, une rigidité de prix et de salaire, une mobilité imparfaite des facteurs de production, une ouverture sur l'extérieur, huit (UEMOA) des 15 pays membres ayant eu une longue expérience de gestion de réserves communes en coopération d'abord, avec la France, puis, avec l'Union Européenne ;

— l'Union Européenne, les Etats-Unis d'Amérique et le Japon sont de grands partenaires commerciaux ayant comme monnaies l'euro, le dollar et le yen qui sont des devises internationales.

Sur la base de la rationalité économique (cf. Lipschitz, 1979), l'union monétaire CEDEAO ne pourra qu'arrimer sa monnaie, soit aux trois devises, soit à l'une d'elles. Mais, le volume de relations économiques (financières, commerciales, monétaires), l'existence passée et présente du franc CFA, l'expérience récente et présente de la gestion commune de réserves extérieures des pays africains de la zone CFA etc. militent en faveur de l'arrimage de la monnaie CEDEAO à l'euro, du moins, dans un premier temps. Mais, l'arrimage, en même temps, aux deux autres devises ne poserait pas de problème particulier, et serait même une anticipation raisonnable.

Pour les mêmes raisons, la future monnaie unique pour l'Afrique, dans le cadre de la ZMA, pourrait également être arrimée à l'euro, la monnaie européenne et/ ou aux autres devises, c'est-à-dire le dollar américain et le yen japonais. Mais, les accords de coopération monétaire avec l'Union Européenne, les Etats-Unis d'Amérique et/ou le Japon devraient permettre que les futures zones monétaires africaines gèrent elles-mêmes leurs réserves extérieures sans implication de leurs partenaires économiques et de leurs banques centrales. Naturellement, dans tout accord de coopération, les parties font des concessions en contrepartie de ce qu'elles gagnent. Pourvu qu'on aboutisse à une coopération monétaire équitable.

Les expériences infructueuses du « serpent monétaire et du tunnel européens », en Europe dans les années 1970, n'incitent guère à arrimer la monnaie de la CEDEAO à un panier de monnaies, en dehors de l'Euro, du dollar et du yen.

#### *3.4.5. L'Eco, la monnaie CEDEAO et le franc CFA*

Quelle monnaie adopter pour la zone CEDEAO et la zone monétaire africaine unique ? Poser une telle question n'a plus de sens en ce qui concerne l'union monétaire CEDEAO, dans la mesure où les autorités ont adopté, le 29 juin 2019, à Abidjan, l'Eco, comme monnaie commune de cette union. Mais y répondre après le choix de l'Eco, permettrait de savoir si la décision des autorités monétaires était économiquement rationnelle ou non, et nous ramène au débat antérieur sur le franc CFA.

A priori, l'on serait tenté de dire qu'il aurait fallu retenir le franc CFA comme monnaie commune dans la zone monétaire CEDEAO car huit de ses quinze pays - membres le partageaient depuis longtemps comme monnaie commune, avec des résultats économiques encourageants. Or, depuis ces dernières années, la question sur les monnaies africaines, précisément sur le maintien ou non du franc CFA, a suscité des débats de spécialistes et passionné inutilement les non-initiés – sans « background » en Science Economique - qui se croyaient obligés d'intervenir dans ce débat de spécialistes hautement technique. Et le débat continue après l'adoption, le 29 Juin 2019, de l'Eco, la monnaie commune de la CEDEAO, dans la mesure où le franc CFA a toujours cours légal aux Comores et dans les pays de la CEMAC, en Afrique centrale.

A la vérité, du point de vue scientifique, maintenir ou remplacer le franc CFA, par une autre monnaie dans les pays de zone CFA, revient exactement à la même chose, pour la simple raison que cela ne change en rien les fonctions dévolues à la monnaie dans une économie. A la limite, le débat, tel que mené, était non seulement inutile, mais il était et demeure nocif, car il contribuait à brouiller davantage le champ monétaire en Afrique plutôt que de l'éclairer : on parlait de tout sauf de l'essentiel, c'est-à-dire comment utiliser, de façon optimale, cette monnaie au service des communautés africaines ? Mais, avant de répondre à cette question fondamentale de l'usage optimal de la monnaie, le lecteur me pardonnera de retrouver ici l'article sur le franc CFA (cf. 3.4.5.1) que j'avais déjà publié dans le quotidien ivoirien, *Le Nouveau Réveil* du 28 septembre 2017, sans attendre la publication du présent livre, temps de débat obligeant.

*3.4.5.1. Le franc CFA : mythe colonial, mirage ou instrument rationnel de politique économique ?*

L'ampleur et la passion qu'a suscitées, depuis de nombreuses années, l'existence du franc CFA, initialement la monnaie commune aux 15 pays de la zone CFA de l'époque (huit en Afrique de l'Ouest, six en Afrique Centrale et les Comores), témoignent de l'importance de la monnaie dans la vie des sociétés depuis l'Egypte ancienne à nos jours, en passant par l'Antiquité, le Moyen Age, l'ère industrielle et le Capitalisme. Car, comme le disait Jacques Rueff, « le destin de l'homme se joue sur la monnaie ».

Mais, la monnaie doit être bien comprise pour que son usage au service de la collectivité, que les économistes appellent « politique monétaire », soit optimal (selon les spécialistes), c'est-à-dire le plus efficace possible. Et pour être bien compris, le concept de monnaie doit être dépassionné et débattu sur le terrain proprement scientifique, c'est-à-dire dans le domaine de la science économique, tout en le maintenant accessible au commun des mortels. Dans le débat sur le franc CFA, des hommes politiques se sont s'immiscés sans trop comprendre grand 'chose, certains économistes en ont fait un traitement idéologique quand d'autres l'ont concédé maladroitement aux politiques.

Mais, qu'est-ce que le Franc CFA ? Le Franc CFA, c'est la monnaie arrimée à l'euro (la monnaie européenne) par une parité fixe que les 14 pays africains de la zone CFA et les Comores partageaient comme devise commune, avant la création en juin 2019, de l'Eco, la monnaie communautaire de la CEDEAO et la sortie programmée des huit pays de l'UEMOA de cette union. Créé en 1939, par la France, pour ses colonies d'Afrique - d'où l'appellation initiale de franc des Colonies Françaises d'Afrique(CFA) – déclaré en 1946 au FMI par le pays colonisateur, il est devenu le franc de la Communauté Financière Africaine à l'indépendance des colonies françaises ; il remplit les fonctions d'intermédiaire des 'échanges, d'unité de compte et de réserve de valeur, comme toute autre monnaie dans le monde. Par des accords de coopération monétaire des pays africains initialement avec la France, puis avec l'Union Européenne via la France, il est arrimé, depuis 1999, à l'euro par une parité fixe (1 euro = 655,957 FCFA), après l'avoir été par rapport au défunt franc français.

Est-ce parce que le franc CFA a été créé à l'époque de la colonisation française qu'il faut l'abandonner comme le préconisaient certains africains ? La réponse, c'est non, car encore une fois, il est une monnaie comme toute autre, et aurait pu être appelé autrement, mais cela n'aurait rien changé en ce qui concerne ses fonctions en tant que monnaie. Ce qui compte, en temps de mondialisation de l'économie, c'est comment utiliser au mieux la monnaie au service de la collectivité ; au-delà de la gouvernance monétaire, c'est toute la problématique de la bonne gouvernance économique que j'aborde d'ailleurs, dans mon livre intitulé *Gouvernance en Afrique : la théorie générale de la gouvernance économique* paru en juin 2017, aux éditions l'Harmattan, à Paris.

S'il fallait abandonner, sans discernement, tout ce qui a avait créé ou utilisé à l'époque coloniale, il faudrait alors commencer par cesser l'usage de la langue française en Afrique francophone. Les détracteurs d'hier du franc CFA sont-ils prêts à le faire ? Autant les africains utilisent le français comme instrument de connaissance, de culture, de communication et de civilisation pour apporter leur contribution à l'universalisme, autant ils pouvaient et devaient utiliser rationnellement le franc CFA, dans ses fonctions de monnaie, comme instrument de développement économique au service du progrès social. En cela, le franc CFA n'est ni un mythe colonial ni un mirage, mais un instrument rationnel de politique économique.

En accédant à l'indépendance politique dans les années 1960, chaque pays de la zone FCA aurait pu créer sa propre monnaie nationale comme l'a fait la Guinée - Conakry, en sortir un peu plus tard (en 1967) pour y revenir beaucoup plus tard (en 1987) comme le Mali ou y demeurer (ce que fit la large majorité des pays). La décision politique de demeurer dans la zone CFA était fondée sur la théorie de la zone monétaire optimale telle qu'exposée antérieurement, expliquant qu'il y a beaucoup plus d'avantages (bénéfices) que d'inconvénients (coûts) à être membre d'une zone monétaire optimale.

D'ailleurs, c'est sur la base de cette théorie que l'Union Européenne s'est construite au fil des décennies. Mais, l'Union Européenne est passée par les différentes étapes de l'intégration économique par les marchés (Bela Balassa, 1965,1989) : zone de libre-échange, union douanière, marché commun et union monétaire (avec la monnaie unique), la dernière étape étant toujours en cours de réalisation (en 2019, au moment où nous écrivons ces lignes) sur certains points.

A la différence, la zone CFA, de par la colonisation, avait commencé par la dernière étape, c'est - à - dire l'union monétaire (avec le partage de la monnaie commune par ses membres) de sorte que le processus se faisait à l'inverse, d'où la nécessité du respect de critères endogènes et les difficultés à réaliser les critères de convergence macroéconomiques. D'ailleurs, en Afrique, d'autres zones monétaires non nécessairement efficientes et des espaces économiques, avec des fortunes diverses, se sont formés ou sont en voie de formation : Zone Monétaire de l'Afrique de l'Ouest (ZMAO), East African Community (EAC), Common Market of East and South Africa (COMESA), South African Development Community (SADC), Community of Monetary Area (CMA), zone CEDEAO.

Mais, des études empiriques et l'analyse de données statistiques, comme nous l'avons déjà signalé, montrent bien que les pays membres des zones monétaires, partout en Afrique, ont réalisé de bien meilleurs résultats économiques que les pays hors zone monétaire. Néanmoins, il aurait fallu éviter les critères de convergence macroéconomique répressifs ou antiéconomiques et s'en tenir au respect strict des critères endogènes et adopter une politique économique basée sur l'équation de la bonne gouvernance économique (cf. chapitre premier de la première partie).

En Afrique de l'Ouest, les pays non-membres de l'UEMOA (Ghana, Nigeria, guinée, Liberia, Sierre Leone), éprouvant des difficultés à satisfaire les critères de convergence de l'UEMOA, s'étaient regroupés en Zone Monétaire de l'Afrique de l'Ouest (ZMAO), avec chacun sa monnaie nationale, en attendant de la rejoindre, dans un espace économique plus vaste **prévu** initialement pour 2003 - mais non encore effectif en ce mois de septembre 2019 - dans le cadre de la zone monétaire couvrant la CEDEAO, même si la monnaie commune, l'Eco a été adoptée , en juin 2019, à Abidjan. Ici, l'endogenéité de la zone monétaire optimale est bien prise en compte.

L'existence du franc CFA, comme monnaie commune, était et est tout à fait fondée du point de vue de la théorie économique. On ne peut donc pas remettre en cause le franc CFA dans ses fonctions de monnaie ; ce qui peut être discutable et discuté, c'est l'usage qu'on en faisait, c'est-à-dire la politique monétaire dans la zone CFA. Dans ce domaine, on peut relever que la politique monétaire répressive menée par les banques Centrales (BCEAO et BEAC) pendant des décennies (malgré quelque atténuation à partir de 2013) et les politiques budgétaires laxistes des Etats membres n'ont pas permis à la zone de réaliser des performances économiques optimales même si celles-ci sont nettement au - dessus de ce qu'elles auraient été en absence d'union monétaire.

*3.4.5.2. Le lancinant problème du compte d'opérations*

Les détracteurs du Franc CFA ont dénoncé et dénoncent, depuis longtemps, le compte d'opérations, ouvert au Trésor français, pour le compte de la banque centrale française, où sont domiciliées les réserves extérieures des Etats africains de la zone CFA ; à leurs yeux, il prive ces pays, d'une manne financière énorme en termes d'épargne et de rémunération de cette épargne, de placement et de financement de l'investissement pour leurs économies nationales.

Mais, ils ont oublié qu'en période de déficit, la France assure les paiements extérieurs pour ces pays. Ils ont omis aussi que la parité fixe avec l'euro élimine des coûts de change et de transaction et assure la stabilité monétaire de même que celle des prix, favorisant, par la même occasion, l'investissement direct étranger ; l'arrimage à l'euro garantit également un minimum de confiance et de stabilité monétaire dans leurs économies. Evidemment, dans la vie des nations comme dans celle des êtres humains, tout a un coût, l'essentiel étant que les avantages (bénéfices) excèdent les coûts (Djelhi - Yahot, 2017).

Il est vrai, les pays africains auraient pu gérer en pool leurs réserves extérieures par eux-mêmes et pour eux-mêmes. Mais, en matière de coopération, rien n'est figé. Tout se négocie. De 100% de réserves initialement, puis 65% avec la convention de 1973, on en est, avant l'avènement de l'Eco, à 50% de réserves des pays africains (qui sont encore dans la zone CFA) versées sur le compte d'opérations.

Les détracteurs du franc CFA doivent comprendre qu'en matière de relation internationale, un pays ne signe d'accord de coopération que si ses intérêts sont pris en compte. Tout est négociable à condition que les intérêts réciproques des parties en présence soient pris en compte. Avec la création de l'Eco, la zone CEDEAO peut choisir de maintenir ou refuser le mécanisme du compte d'opérations au terme d'une analyse économique coûts / bénéfices.

*3.4.5.3. L'abandon du franc CFA, une monnaie forte et crédible*

Ceux qui, comme moi – businessmen, hommes politiques, économistes - ont beaucoup voyagé dans le monde et surtout en Afrique, ont plus d'une fois, dans des aéroports africains hors zone CFA (Accra, Lagos, Abuja, Monrovia, Freetown, Conakry), fait l'expérience suivante : à la proposition de leur donner du pourboire en dollar, en euro ou en franc CFA, les bagagistes répondent sans hésitation : « Franc CFA ». Tout le paradoxe africain est là : la fracture entre le peuple et les intellectuels ; ici, quand le petit peuple - tout comme le businessman - trouve son compte dans le franc CFA, certains intellectuels, activistes et hommes politiques africains le réfutent sur fond de posture idéologique et d'antipathie nostalgique. Alors, le petit peuple comprend-t-il mieux l'économie que certains intellectuels africains ? Pas si sûr. Par contre, il vit l'économie et ressent donc les externalités des décisions et actes économiques. Il ne polémique pas, il constate les faits réels, comme le businessman le fait. Or, comme le disait le professeur Joseph Tchundjang, si « sans la théorie, la pratique est aveugle », la théorie est l'interprétation scientifique de la réalité. Malheureusement, certains économistes africains font une interprétation biaisée et non scientifique de la réalité. C'est l'origine des appréciations contradictoires, hier et aujourd'hui, du franc CFA (qui continue de circuler dans les pays de la CEMAC et aux Comores, après la création de l'Eco).

Cet exemple du comportement des bagagistes révèle un autre aspect du paradoxe concernant le défunt franc CFA de l'Afrique de l'Ouest : monnaie forte et crédible, devise appréciée du peuple et des hommes d'affaires et facteur de stabilisation monétaire et macroéconomique indéniable, mais rejetée par un petit groupe d'africains (économistes, idéologues, politiques et surtout activistes non- initiés à la science économique) au nom de la souveraineté politique et monétaire, à relent nostalgique, antipathique colonial et anti-impérialiste, dans une économie internationale fortement mondialisée où tout développement autocentré est illusoire.

Mais, la disparition programmée du franc CFA (déjà effective en Afrique de l'Ouest avec la création de l'Eco) n'a rien d'idéologique, et ne consacre donc pas la victoire des idéologues : elle obéit à l'application pure et simple de la théorie de la zone monétaire optimale (efficiente) et correspond à la mise en place de l'étape de l'instauration, en Afrique, de zones monétaires régionales recommandée par le Traité d'Abuja., en attendant la zone monétaire continentale en 2063. Elle ne retourne donc pas aux anciens pays membres de l'UEMOA, leur souveraineté monétaire concédée, il y a des décennies, dans le cadre de l'union monétaire.

D'ailleurs, réclamer ou parler de souveraineté monétaire ou politique à l'heure du processus d'intégration économique globale de l'Afrique, c'est non seulement méconnaitre la théorie monétaire nouvelle, mais c'est ramer à contre-courant de l'évolution de cette Afrique qui aspire au progrès social, c'est exactement dire une chose et son contraire, car, il ne peut y avoir intégration monétaire sans abandon de souveraineté monétaire.

A vrai dire, qui peut, en toute âme et conscience, parler de souveraineté en Afrique, quand les pays africains, incapables d'amorcer le moindre développement économique malgré le gigantisme de leurs dotations en ressources primaires et du sous-sol – on parle de scandale géologique en République Démocratique du Congo - après plus de 58 ans d'indépendance, courent toujours après l'Occident et ses multinationales pour rechercher des fonds - à des conditions parfois draconiennes - pour financer leurs économies, même leurs budgets de fonctionnement et leur sécurité ( cf. financement du G5 SAHEL) ?

De quelle souveraineté nationale ou africaine parle-t-on ? Quand on sait qu'après avoir logé, pendant des décennies, ses services dans l'immeuble de l'ONU, c'est la Chine qui a offert un bâtiment pour le siège de l'Union Africaine à Addis - Abéba, et que les Occidentaux contribuent, à plus de 90% à son budget de fonctionnement, du moins jusqu'en 2016 ( avant l'instauration, en théorie en 2017 , d'une taxe sur les exportations africaines comme ressources propres, qui connait dès le début, des difficultés de collecte), de quelle souveraineté africaine parle - t-on ? La main qui donne n'est- elle pas toujours au-dessus de celle qui reçoit ?

Xavier Sala – i – Martin ( 2004 ) soutient que « plus un pays est riche, moins il croit vite » ; même en sous-entendant par – là, que « plus un pays est potentiellement riche, moins il croit » , il ne peut dédouaner véritablement la plupart des leaders africains en ce qui concerne l'état de sous-développement endémique de leurs pays, car il ajoute aussitôt que « la qualité du gouvernement », c'est-à-dire la capacité du gouvernement à conduire une bonne gouvernance, « est un facteur très important de développement économique ». De plus, d'autres économistes ont, par des études empiriques, remis en cause cette idée que les pays les plus riches connaissent un taux de croissance moindre ; selon P. Romer (1986), « le progrès technique et la connaissance génèrent une nouvelle croissance ».

Se poser naguère la question de maintenir ou non le franc CFA comme monnaie commune en Afrique était et est, en réalité, un non-sens puisque, de toute façon, les pays africains ont nécessairement besoin d'avoir une monnaie, et quelle que soit son appellation, l'essentiel était et demeure que cette monnaie remplisse rationnellement ses fonctions d'intermédiaires des échanges, d'unité de compte et de réserve de valeur.

*3.4.5.4. La zone CEDEAO et la disparition programmée du franc CFA*

La logique économique (coûts, efficacité, crédibilité établie, fixité par rapport à l'euro, préférence communautaire etc.) et sociale (familiarité des populations, commodité) et le bon sens (antériorité, cohérence, continuité, facilité de prise de décision, non négociation forcément d'un nouveau traité de coopération monétaire etc.)

commandaient de retenir le franc CFA comme monnaie commune de la zone monétaire CEDEAO. Mais, les pays membres de la CEDEAO, ont décidé en juin 2019, de le remplacer dans leur union monétaire en formation, par une nouvelle monnaie, l'Eco. Une telle décision est beaucoup plus politique qu'économique.

Mais, la création d'une autre monnaie à sa place, dans le reste de la zone CFA (Comores et CEMAC) à l'avenir comme l'a déjà fait la CEDEAO, ne pose pas de problème majeur en termes de rationalité économique, si elle est utilisée rationnellement dans ses trois fonctions, au service des communautés africaines parce qu'il s'agit d'une monnaie comme toute autre.

Cependant, la renégociation de l'accord de coopération monétaire dans des conditions probablement plus complexes avec l'Union Européenne et éventuellement d'autres accords avec d'autres espaces économiques de l'Occident, la réputation et la crédibilité à établir pour la nouvelle monnaie , la nécessaire familiarité future des populations avec la nouvelle monnaie, les questions d'émission de monnaie et d'organisation pratique devront être aplanies ; mais, elles ont un coût social et financier et prendront probablement du temps qui, autrement, serait économisé et rentabilisé économiquement.

### *3.4.5.5. La monnaie des autres zones monétaires africaines et de l'Afrique*

L'analyse de la zone monétaire CEDEAO et les conclusions auxquelles nous avons abouti sont aussi valables pour les autres zones monétaires africaines existantes ou futures et la ZMA. Mais, au niveau continental, pour des raisons non scientifiques, il serait difficile d'envisager l'hypothèse du franc CFA comme monnaie commune, surtout qu'il a pratiquement disparu en Afrique de l'Ouest et pourrait l'être en Afrique centrale. Mais, Cela importe peu. L'essentiel, encore une fois, c'est de faire jouer correctement, à la monnaie adoptée, ses fonctions.au service des économies africaines.

*3.4.5.6 Le reste de la zone CFA : les Comores et la CEMAC*

La disparition du franc CFA en Afrique de l'Ouest ne met pas systématiquement fin à l'existence de la zone du franc CFA, puisque les Comores et les pays de la CEMAC continuent de l'utiliser comme monnaie commune pour quelques années encore en attendant la ZMA en 2063, après être passés par une zone monétaire régionale en Afrique centrale, conformément, au Traité d'Abuja.

Cependant, la sortie de l'UEMOA, la partie la plus performante de l'économie de cette zone CFA constitue, pour les pays de la CEMAC, un sérieux problème en termes de restriction de réserves extérieures communes, d'économie d'échelle, et bien d'autres avantages perdus. Mais, ces coûts seront largement compensés grâce à leur future intégration à la zone monétaire régionale en Afrique Centrale, puis à la ZMA si les mécanismes et principes sont correctement appliqués dans le cadre processus d'intégration globale de l'Afrique tel que prévu par le Traité dAbuja.

# IV. L'ENVIRONNEMENT ECONOMIQUE PROPICE AUX ZONES MONETAIRES AFRICAINES

Pour être efficace, toute décision ou politique économique doit être appliquée dans un environnement économique propice. Le processus d'intégration monétaire, en plus des critères déterminants à respecter pour y parvenir, doit se faire dans un environnement économique propice permettant la réalisation des bénéfices nets optimaux. Il s'agit de déterminer principalement des mécanismes et structures de convergence macroéconomique communautaires. Or, la théorie économique présente les facteurs déterminants (critères) de la zone monétaire optimale sans préciser, en général, les conditions propices à leur application ni déterminer les mécanismes et structures de convergence macroéconomiques qui permettent de réaliser la similarité des structures économiques des pays membres.

Les expériences de zones monétaires que constituent la zone euro dans l'Union Européenne, l'UEMOA et la CEMAC ont eu du mal ou peinent à devenir de véritables zones monétaires efficientes à impact significatif, à cause du non-respect de certains critères, de l'adoption de critères inappropriés, de l'absence de similarité des économies et du manque de politiques communautaires optimales. En effet, l'absence de la prise en compte de critères économiques, dans le Traité de Maastricht, plombe depuis toujours, le fonctionnement normal de l'Union Européenne et réduit son potentiel de croissance économique : on a adopté, depuis 1999, l'euro comme monnaie commune, sans cours légal dans tous les pays membres ; on a créé la Banque Centrale Européenne ( BCE) aux pouvoirs réduits, sans véritable politique monétaire commune et en conservant les différentes banques centrales des Etats-membres ; on a défini des critères de convergence macroéconomiques dont certains sont répressifs ou dépourvus de sens économique.

L'Afrique n'échappe donc pas à ses insuffisances qui rendent laborieux le processus d'intégration vers de véritables zones monétaires efficientes. Il va falloir corriger toutes ces anomalies pour pouvoir renforcer ou créer les zones monétaires régionales et les fondre dans la future zone monétaire continentale.

Face aux critères de convergence sinon antiéconomiques, du moins inadéquats (par exemple, dans l'UEMOA et la CEMAC) qui plombent les économies africaines, il faut instaurer des mécanismes et structures de convergence macroéconomique et de contrôle au niveau communautaire.

La politique monétaire diversifiée, le non-respect strict des facteurs déterminants, le manque de mécanismes et/ ou de véritables structures de convergence et de contrôle au niveau communautaire ne permettent pas le respect scrupuleux des engagements pris dans le cadre du processus de création de zones monétaires efficientes en Afrique. Il faut donc adopter de véritables politiques communautaires, créer des mécanismes et structures communautaires qui favorisent ou renforcent le cadre institutionnel propice à la réalisation de l'optimalité dans les zones monétaires africaines. Il s'agit précisément de :

— mécanismes d'exécution et de vérification de la mise en œuvre et du respect des facteurs déterminants et des critères de convergence au niveau communautaire pour chacune des zones monétaires, précisément les zones régionales (par exemple la CEDEAO) et la ZMA ;

— politiques monétaires communautaires optimales, conduites par la banque centrale de chaque zone monétaire ou de la zone monétaire continentale ;

— la conduite de la politique fiscale et budgétaire communautaire par un organisme communautaire ;

— une équipe d'évaluation, composée d'économistes, spécialistes en économie monétaire, en économétrie et en finances publiques, mandatée par les pays membres pour évaluer la politique monétaire et fiscale de la zone monétaire et ses résultats. La publication systématique des résultats de l'étude par les canaux officiels et surtout dans les média (journaux et internet) permet au public, mandant en dernier ressort, de juger, en même temps que les gouvernements des pays membres, le travail des autorités monétaires communautaires dont la responsabilité sera engagée ;

— des mécanismes et / ou structures communautaires de contrôle a priori et a posteriori, pour le contrôle au niveau communautaire, de l'exécution des budgets des Etats membres.

# CHAPITRE TROISIEME :

# UNE NOUVELLE APPROCHE, LA ZONE MONETAIRE EFFICIENTE

La théorie économique qui sous-tend la création d'une zone monétaire optimale ne donne pas une idée réelle de l'optimalité tant du point de vue économique que mathématique. Dans ce chapitre, nous tenterons de le démontrer.

## I. L'APPROCHE TRADITIONNELLE DE L'OPTIMALITE D'UNE ZONE MONETAIRE

Dans la démonstration de Mundell (1962), à l'aide de deux Pays A et B, la mobilité des facteurs de production (travail et capital) permet de réaliser l'équilibre dans l'un ou l'autre pays en fonction de la situation. De même, la flexibilité des salaires et des prix conduit au rééquilibrage dans l'un ou l'autre pays selon la situation économique donnée.

La diversification (Kenen, 1969) permet d'amoindrir les effets des chocs asymétriques, et même de les rendre symétriques dans une même zone monétaire ; grâce à l'élargissement de la taille de l'économie, elle permet d'atteindre un niveau de production optimale et contribue à réduire le déséquilibre.

De même, les autres critères édictés par la théorie de la zone monétaire optimale contribuent à réduire le déséquilibre, grâce à l'augmentation de la production, à travers le déplacement, plus à droite, de la courbe des possibilités de production (cf. courbes ci-dessous) dans un pays

Graphique n° 4 : Courbes des possibilités de production

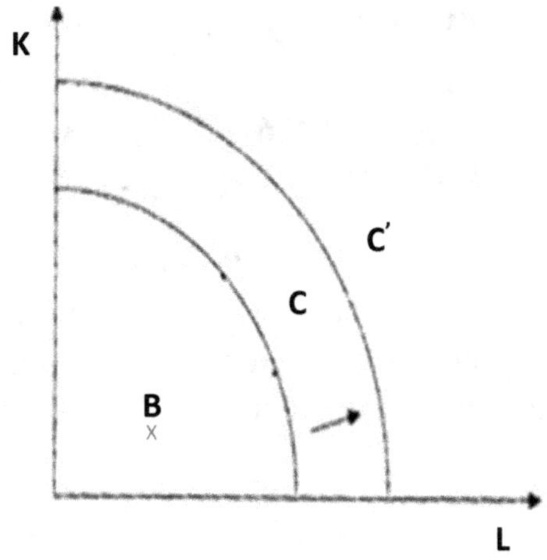


En effet, dans un pays donné, utilisant les facteurs capital K et travail L, les courbes C et C' (sur le graphique n° 4) représentent les possibilités de production maximale en fonction des différentes combinaisons des facteurs de production. En dessous de C et C', c'est-à-dire au point B, par exemple, on se trouve en situation de sous – emploi des facteurs de production. Le déplacement de la courbe C à C'indique le processus de croissance à partir des différentes combinaisons des facteurs de production qui ne sont pas toujours substituables. Réaliser l'optimalité consiste donc à repousser autant que possible les possibilités de production, de manière à obtenir la production au point d'optimum, en d'autres termes, à acquérir les performances économiques maximales pour un pays donné, à un moment donné.

Évidemment, pour les pays africains dont les économies se trouvent nettement en deçà de la courbe de production maximale, le problème c'est comment s'y rapprocher et y parvenir dans un délai raisonnable. D'autres facteurs tels que « les comportements, l'inefficacité du marché, la mauvaise circulation de l'information, l'insuffisance d'entrepreneurs, le manque de prises de risque, l'instabilité politique, les guerres civiles, les rébellions, la rigidité des prix, les contraintes familiales, etc., constituent des contraintes qui les retardent », comme le soulignent J. Brasseul et C Lavrard (2016), malgré la tentative de leur prise en compte par la courbe dite « le labyrinthe des possibilités de production » proposée par Henry Bruton (1998) qui d'ailleurs montre bien les difficultés de progression dans le processus de développement. Pourtant à notre avis, elle a le mérite de mieux expliquer le processus du développement économique en Afrique, même si elle ne peut permettre de l'accélérer de façon satisfaisante. Comme l'indique cette courbe sur le graphique no5 (cf. ci-après), le processus de développement est un véritable parcours du combattant, « à travers des barrières ou en les contournant, la société avance de façon discontinue, en essayant une voie, puis une autre, en se trompant et en revenant en arrière » ; autrement dit, le processus avance , en Afrique, à tâtons, avec peu de rationalité et les remises en cause incessantes ou les cramponnements à des modèles erronés et inefficaces, dans un environnement économique fait de corruption excessive, de liberté limitée, de systèmes de marchés inefficaces, de gestion économique et financière sans transparence, participation et responsabilisation ( accountability) véritables.

Graphique n° 5 : le labyrinthe des possibilités de production de Bruton

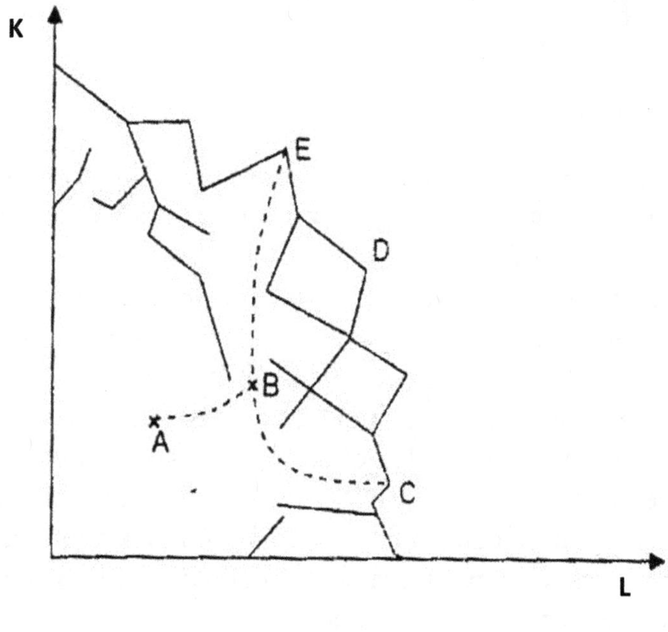

## II. UN NOUVEAU CONCEPT : L'EFFICIENCE

En réalité, la courbe des possibilités de production peut ne pas correspondre au point d'optimum de la production. Alors, en ce qui concerne l'optimalité d'une zone monétaire, on est en droit de se poser des questions : est-ce la taille de la zone monétaire qui est optimale ou l'équilibre de l'économie qui se réalise au point d'optimum ? Ou bien ce sont les bénéfices et les coûts ou les bénéfices nets qui atteignent un niveau optimal ? Est-ce que l'équilibre atteint dans les économies des Etats - membres d'une zone monétaire optimale est optimal ? Malgré l'impact positif certain de la création de la zone monétaire sur les performances économiques, rien ne permet de dire que le niveau de ces performances économiques se situe au point d'optimum tant économique que mathématique.

Du point de vue de la théorie économique, un niveau de production donné est optimal quand le bénéfice marginal est égal au coût marginal.

Cet état d'optimalité économique est dérivé du principe mathématique de détermination des extrema d'une fonction qui situe le point d'optimum là où la dérivée première de la fonction est égale à zéro et sa dérivée seconde est négative, soit

$$f'(x) = 0$$

$$\text{et } f''(x) < 0$$

Par référence à la détermination mathématique du point d'optimum d'une fonction, un niveau de production ne peut être optimal, au sens économique, que s'il est le plus élevé possible à partir d'une combinaison de facteurs de production donnée. Or, les critères de la théorie de la zone monétaire permettent d'atteindre seulement un niveau d'équilibre de la production nationale (PIB) - qui n'aurait pas été possible en absence de zone monétaire - et non un niveau d'optimalité tel que nous venons de définir. Parler donc d'optimalité d'une zone monétaire ici n'est pas tout à fait juste, puisque l'optimalité est différente de l'équilibre dans la mesure où le point d'optimum, en Sciences Economiques, n'est pas forcément le point d'équilibre, même si les deux points peuvent parfois coïncider.

En raisonnant en termes d'avantages (bénéfices) par rapport aux coûts ( inconvénients) que chaque pays tire ou subit à être membre d'une zone monétaire, l'analyse marginaliste ne peut réellement permettre de dire qu'une zone monétaire est optimale que lorsque l'on raisonne ex-ante et en termes statiques, puisque, d'une part, le coût marginal et le bénéfice marginal ne peuvent être calculés qu'à partir des données statistiques collectées, et d'autre part, l'égalité entre bénéfice marginal et coût marginal implique qu'on a atteint le point d'optimalité et qu'il n'y a plus rien à rechercher.

Or, l'économie est en perpétuel mouvement et l'état de développement qui en résulte, est un stade transitoire d'un processus pour davantage de progrès social. De ce point de vue, et en raisonnant ex-post, l'analyse marginaliste de la théorie de la zone monétaire optimale ne semble pas tout à fait satisfaisante pour juger de l'optimalité d'une zone monétaire.

Soit $x_i$, les bénéfices de la branche d'activité i d'un pays

$y_i$, les coûts de la branche d'activité i du pays.

b, l'ensemble des bénéfices nets du pays, c'est-à-dire la somme des bénéfices moins la somme des coûts de toutes les branches, soit

$$f(b) = \sum (x_i - y_i) \qquad (1)$$

Maximiser les bénéfices nets du pays, c'est chercher à déterminer leur niveau le plus élevé possible, c'est-à-dire leur niveau optimal. Mathématiquement, il s'agit de chercher le point d'optimum de la fonction des bénéfices nets totaux du pays, soit

$$\text{Max } f(b) = \sum (x_i - y_i) \qquad (2)$$

f(b) est au point d'optimum quand la dérivée première est égale à zéro et la dérivée seconde est négative, c'est-à-dire

$$f'(b) = 0$$

$$\text{et} \quad f''(b) < 0$$

Soit B, l'ensemble des bénéfices nets d'une zone monétaire, constitués par la somme des bénéfices moins les coûts de toutes les branches, sur une période allant de 1 à n.

X = la somme des bénéfices par branches

Y = la somme des coûts par branches

Au temps $t_1$, $B_1 = \sum(X_1 - Y_1)$

Au temps $t_2$, $B_2 = \sum_{1}^{2}(X_2 - Y_2)$

....................................

Au temps $t_n$, $B_n = \sum_{1}^{n} (X_n - Y_n)$

Il s'agit donc de maximiser l'ensemble des bénéfices nets de l'union monétaire

$$\text{Maximiser } B = \text{MAX} \sum (X - Y) \qquad (3)$$

La fonction f(B) détermine, à chaque moment, le niveau de bénéfices nets de l'union monétaire. A chaque étape du processus de développement économique et d'intégration, correspond un niveau de bénéfices nets totaux résultant des performances économiques. Il existe donc plusieurs niveaux de bénéfices nets de l'union monétaire qui varient d'une période à l'autre, et qui, pour la même période, dépendent des différences entre les bénéfices et les coûts, eux-mêmes soumis aux performances économiques, c'est-à-dire à la capacité productive de la zone monétaire. Or, la zone monétaire optimale, telle que définie par la théorie traditionnelle, indique simplement qu'il y a plus d'avantages, donc de bénéfices pour les pays, à former une zone monétaire qu'à conduire individuellement et séparément, leurs économies, puisqu'elle permet de rééquilibrer les économies respectives en termes de niveaux d'inflation, d'emploi et de compte extérieur.

Sur le graphique n° 6, ci-dessous, l'égalité entre bénéfice marginal et coût marginal détermine la taille optimale de la zone monétaire. On peut en déduire que, sur le marché des biens et services, du point de vue microéconomique (si on considère l'union monétaire comme une entité de production), la production est à son niveau optimal parce que bénéfice marginal et coût marginal sont égaux. Or, il s'agit ici de raisonner du point de vue macroéconomique (car, 'il est question d'espace économique) et de maximiser plutôt l'équation (3), soit

$$\text{Maximiser } B = \sum (X - Y) \qquad (4)$$

C'est – à - dire maximiser la somme des bénéfices totaux dans l'économie, en obtenant l'égalité entre bénéfices et coûts marginaux, ce qui revient à déterminer aussi la taille optimale de l'union monétaire en question.

Mais, pour un pays ou une zone monétaire (un ensemble de pays), il est difficile de quantifier bénéfices et coûts marginaux, surtout quand on prend en compte tous les coûts et bénéfices sociaux.

Graphique n° 6 : Courbe des coûts et bénéfices marginaux

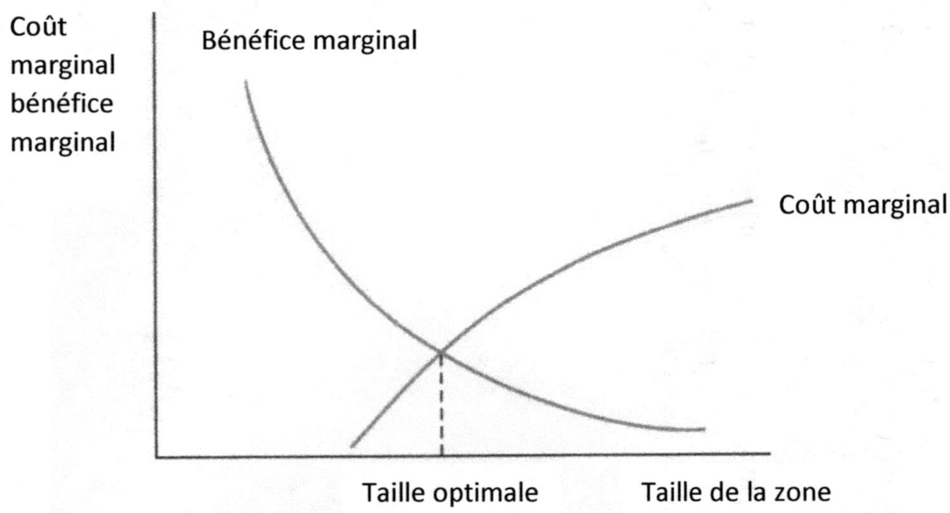

Si l'union monétaire conduit à la réalisation de performances économiques élevées, partant de plus d'avantages, rien n'indique que les niveaux de performances et d'avantages économiques, à chaque stade, se situeront au point de l'optimum, c'est-à-dire au niveau le plus élevé possible, dans la mesure où la zone monétaire conduit à un point d'équilibre, et que l'équilibre diffère de l'optimum.

Dans sa théorie de la zone monétaire optimale, Mundell (1961) raisonne en termes de réalisation de l'équilibre, dans l'économie de deux pays A et B, par l'acquisition de faible taux d'inflation, de plein emploi et de l'équilibre externe (balance des paiements) grâce à l'existence de la zone monétaire. Que la formation de l'union monétaire permette d'obtenir l'équilibre dans l'économie des deux pays, selon le cas, ne pose aucun problème particulier si l'on prend en compte les hypothèses de départ.

Par contre, les niveaux d'inflation et de chômage et le solde de balance des paiements ainsi recherchés dans l'économie ne peuvent pas correspondre au point d'optimum. En effet, comment expliquer que l'on cherche à réaliser, dans l'union monétaire, les niveaux d'inflation et/ ou de chômage les plus élevés ? Peut-on obtenir simultanément ces deux points d'optimum dans une économie quand on sait, depuis l'économiste néo-zélandais Alban William Phillips (à partir de sa courbe dérivée en 1958, dénommée par la suite courbe de Phillips), que l'inflation et le chômage sont des variables asymétriques dans une économie ? Si on y parvenait, par absurdité logique, ce serait un non-sens économique, puisque l'objectif de la politique économique, c'est, rationnellement, d'obtenir plutôt leurs niveaux minima. Il n'est donc pas tout à fait juste et rationnel économiquement, de parler d'optimalité en ce qui concerne les niveaux d'inflation et de chômage dans les économies des Etats –membres d'une union monétaire.

En raisonnant en termes d'équilibrage des marchés du travail, des biens et services et de la monnaie, comme Mundell, on peut convenir que le déséquilibre sur chaque marché, dans un pays - membre, est corrigé par les transferts d'excédent budgétaires, de surplus d'offre de travail et par les effets prix de l'économie d'un autre pays – membre. Mais, encore une fois, rien ne prouve que le niveau de ces variables est optimal ou que les équilibres acquis correspondent à un niveau maximal.

En conséquence, dire qu'une zone monétaire est optimale, du seul fait du regroupement des pays membres, n'est pas, mathématiquement et économiquement, bien fondé. Bien sûr, plus la taille de l'union monétaire s'étend, plus la production de richesse (PIB) augmente, plus la probabilité que les ajustements se réalisent, dans l'économie nécessiteuse, est forte. Mais, rien ne prouve que le niveau de PIB qui en résultera représentera le point d'optimum, car le niveau de production varie également (même avec les mêmes combinaisons des facteurs de production) en fonction de la dynamique endogène (amélioration de connaissances et de savoir-faire, progrès technique, résultats de recherche-développement etc.)

Employer le mot optimal comme épithète, pour qualifier une zone monétaire tel que le fait la théorie économique traditionnelle, est donc inapproprié. On pourrait plutôt parler de « zone monétaire efficiente », dans la mesure où le terme efficient veut dire « ce qui conduit à de bons résultats », ce à quoi conduit justement une zone monétaire quand elle fonctionne à plein régime.

Toutefois, cette correction d'épithète qui permet de distinguer entre point d'optimum et point d'équilibre – tant du point de vue mathématique qu'économique - ne peut remettre en cause l'impact de la formation de zone monétaire sur les économies des Etats membres. Seules les interprétations et les qualifications de l'impact de la zone monétaire sont erronées, et non l'impact lui-même qui est réel et ne peut être réfuté.

De même, du point de vue de la logique économique, un niveau donné de performances et d'avantages économiques d'une union monétaire ne saurait, d'office, être qualifié d'optimal ; dans ces conditions, reposons la même question : qu'est-ce qui est optimal ? la taille de l'union monétaire, la production (PIB) ou le niveau des bénéfices ? En d'autres termes, cherche-t-on à déterminer une taille optimale de zone monétaire en intégrant un ensemble de pays ou à regrouper des pays en une union monétaire pour leur permettre de réaliser le niveau le plus élevé possible - donc optimal - de performances économiques (PIB) afin d'obtenir le maximum d'avantages (bénéfices) nets ? Il apparait évident, dans notre entendement, qu'il s'agit du second cas de figure, c'est-à-dire la maximisation des bénéfices nets que procure l'union monétaire à ses membres, étant entendu que les bénéfices excèdent les coûts ; autrement, il n'y aurait pas d'avantages. Or, l'objet de la science économique, c'est la recherche du progrès social.

Former donc une union monétaire ne conduit pas automatiquement à l'acquisition d'avantages optimaux ; la création de la zone monétaire constitue une première étape, et le respect des critères de la zone monétaire permet, par la suite, d'atteindre un niveau de production optimale pour pouvoir acquérir des avantages et performances économiques optimaux, grâce aux critères identifiés, y compris la similarité des structures économiques (convergence macroéconomique) et à l'efficacité de la politique économique. La zone monétaire devient alors efficiente ; il faut plutôt parler de zone monétaire efficiente.

Que l'on raisonne en termes d'endogénéité (ex-post) ou ex-ante, les critères d'efficience doivent être pris en compte dans la formation ou le fonctionnement d'une zone monétaire véritablement efficiente, du moins telle que nous l'entendons ici, le caractère efficient s'appréciant strictement par le niveau de maximisation des bénéfices nets procurés à l'ensemble des Etats - membres de l'union et non par le simple fait de l'intégration dans une union monétaire.

# PARTIE DEUXIEME

# ZONES MONETAIRES ET DEVELOPPEMENT ECONOMIQUE EN AFRIQUE

# CHAPITRE PREMIER : LE DEVELOPPEMENT ET LA CROISSANCE ECONOMIQUE

En économie normative, tout concourt à la formation de la zone monétaire CEDEAO et d'une zone monétaire continentale. Une question alors se pose : en quoi la zone monétaire contribue - t - elle au développement économique de l'Afrique ? Pour répondre à cette question, cette seconde partie du livre est divisée en deux chapitres : le premier chapitre définit les concepts et modèles et théories du développement économique ; le second démontre, d'une part, les liens de cause à effet, entre zone monétaire et croissance économique, et d'autre part, met en exergue les meilleures performances économiques réalisées par les zones monétaires par rapport à celles des espaces économiques hors zones monétaires en Afrique.

Dans ce chapitre, nous définirons d'abord la notion de développement économique avant de passer en revue les différents modèles et théories de développement économique.

## I. LE CONCEPT DE DEVELOPPEMENT

La théorie économique définit le développement comme les transformations structurelles, sociales, culturelles et mentales qui résultent de la croissance économique.

La croissance économique, elle-même, peut être définie comme « l'ensemble des mutations positives, techniques, sociales, démographiques et sanitaires que connait un pays ou un espace économique donné. ». Ainsi le développement économique permet la création de richesses mesurée par le PIB, c'est-à-dire l'ensemble des valeurs ajoutées (VA) :

$$PIB = \sum V A$$

La croissance économique qui tire ses origines de la révolution industrielle anglaise des années 1820, ne peut pas être objectivement expliquée par les seules variables et agrégats économiques (capital physique et humain, distribution de la production entre secteur d'activité) et le progrès technique dans la mesure où les conditions de vie (santé, espérance de vie, qualité de vie, éducation) rentrent en ligne de compte, parce « qu'elles sont influencées ou influencent les décisions des agents économiques ». Mais, force est de constater que seuls les agrégats économiques sont généralement pris en compte pour l'évaluation du niveau de développement d'un pays.

L'introduction de l'aspect qualitatif avec l'Indicateur de Développement Humain (IDH), développé au début des années 1990, par une équipe sous la direction du Prix Nobel d'Economie Amartya Sen (cf. Formule en annexe), ne donne pas de résultats fondamentalement différents dans le classement des pays par rapport à ceux obtenus, à partir du PIB /habitant. En effet, la prise en compte de l'IDH qui est une moyenne composite des trois indicateurs de l'espérance de vie, de l'éducation et du revenu a donné, selon J. Brasseul et C. Lavrard ,( 2016), des résultats de classement de pays similaires à ceux basés sur le PIB par habitant.

En 2008, Justin Wolfers et Betsey Stevenson ont montré, à partir de données statistiques collectées dans plusieurs pays, qu'il existe bien « un lien entre le PIB par habitant et le degré de satisfaction des individus », mettant ainsi en cause les résultats d'une étude empirique de Richard Easterlin (1974) qui affirme qu'au -delà d'un certain seuil de richesse, le PIB par habitant n'a pas d'effet sur la satisfaction des individus.

On peut donc associer pleinement les notions de développement économique et de progrès social dans la mesure où elles engendrent une progression du niveau de vie des populations. A cet égard, il faut noter que la courbe de Kuznets (1950) qui préconisait une augmentation (dans un premier temps, avant la stagnation ou la baisse) des inégalités engendrées par la croissance économique, a été, par la suite, largement contredite par plusieurs études empiriques dont celle de David Dollar et Art Kraay (2002) ayant conclu que « les revenus des populations pauvres ( le quintile inférieur) augmentent proportionnellement avec le revenu moyen, de manière presque systématique quels que soient les pays concernés et les périodes ». Même si Vinod Thomas et al (2002) reconnaissent « qu'une croissance instable a des répercussions négatives sur les pauvres, de même que la dégradation du capital naturel (environnement, terres, sources, pêcheries) (...) pourrait avoir des effets dévastateurs sur eux », il s'agit de cas spécifiques qui font exception. L'impact de la croissance économique sur le bien-être social est indéniable.

La théorie du développement a connu plusieurs variantes, du développement instable ou déséquilibré classique au développement durable en passant par les étapes de la croissance, le modèle de Lewis, les modèles néokeynésiens et néoclassiques et les modèles de croissance endogène etc.

La croissance économique, mesurée par le taux de croissance du Produit Intérieur Brut (PIB), se réalise sur une longue période (même si le taux de croissance se calcule d'une année sur l'autre), car le développement économique qu'elle engendre ne peut véritablement se mesurer que sur une longue période. A cet égard, Nikolai Kondratiev (1935) a, le premier, révélé l'existence de cycles longs de 50 ans quand la première théorie de la croissance sur une longue période est attribuée à Joseph Schumpeter (1939) qui considère que « l'innovation portée par les entrepreneurs constitue la force motrice de la croissance ». Pour lui, la survenance des innovations par « grappes » est à l'origine de la « cyclicité de la croissance économique. A titre d'exemple, Schumpeter soutient que « les transformations du textile et l'introduction de la machine à vapeur expliquent le développement en Angleterre des années 1798-1815. Dans l'expansion économique au cours de la période 1848-1873, il attribue un rôle fondamental au chemin de fer et à la métallurgie. Schumpeter (1939) explique aussi les variations de la croissance économique à travers trois cycles économiques :

— les cycles Kondratiev ou cycles long d'une durée de 50 ans ;

— les cycles Juglar ou cycles intermédiaires d'une durée de 10 ans ;

— les cycles Kitchin ou cycles courts d'une durée de 40 mois.

Mais, pour Joseph Schumpeter (1939), l'économie est en perpétuel mouvement, et le processus de production capitaliste engendre « de nouvelles méthodes de production et de transports, de nouveaux objets de consommation, de nouveaux types d'organisation industrielle ». Il a alors introduit le concept de « destruction créatrice », dans l'économie, c'est-à-dire « un modèle productif nouveau fondé sur les innovations qui se substitue à un ancien modèle de production ».

L'idée de Schumpeter que le progrès économique se réalise par « saccades et poussées » va être reprise plus tard par Albert Hirschman (1964) qui affirme que « c'est un état de déséquilibre qui met en marche les forces du changement, l'économie progressant de déséquilibre en déséquilibre ». Il met aussi l'accent sur le rôle des entrepreneurs qui sont à la base de l'industrialisation par la production de biens de substitutions aux importations. « Mais, l'expansion peut être bloquée ou ralentie par des pénuries à des moments donnés du processus de production, par exemple, par l'absence de pièces, de matières premières, de débouchés qui nécessitent de nouveaux investissements de la part des entreprises ou de l'Etat ». Ainsi l'économie se développe par étapes successives. Il en est de même « des innovations techniques qui sont des solutions à des blocages antérieurs ».

Schumpeter explique que les innovations « apparaissent sous forme de grappes » ; autrement dit, leur apparition se fait de façon discontinue, « avec agrégation, à certains moments, de nombreuses innovations », ce qui explique donc la tendance cyclique de la croissance économique.

Romer (1990), lui, introduit un modèle où la croissance est une augmentation du nombre de biens assimilés à une augmentation de stock de connaissances. Dans l'économie, Romer distingue trois secteurs :

— la recherche ;

— la production de bien intermédiaire ;

— la production de bien final.

Dans une telle économie, le progrès technologique est le moteur de la croissance, et le progrès technologique lui – même résulte de façon endogène des décisions de l'entreprise représentative du secteur de la recherche « qui utilise le capital humain et le stock de connaissances existant pour produire de nouvelles connaissances ». Or, la connaissance est un bien public non-rival et non-exclusif.

Le secteur de la production de biens intermédiaires, par exemple les machines, est constitué d'entreprises produisant un bien capital imparfaitement substituable aux autres.

Aussi, une nouvelle entreprise peut - elle, à tout moment, être créée pour la production d'un bien capital nouveau grâce à l'achat d'un brevet au secteur de la recherche de sorte que la connaissance n'est plus non-exclusive. L'entreprise ayant acheté le brevet se trouve en position de monopole pour la production du bien capital considéré. On parle alors de concurrence monopolistique dans le secteur de production des biens intermédiaires.

Le secteur de la production du bien final utilise, comme facteurs, le travail et un stock de capital, composés de biens intermédiaires, pour produire des biens de consommation et des biens d'investissement.

Pour Grossman et Helpman (1991), les innovations augmentent le nombre et la qualité des biens de consommation.

Dans le système de production engendrée par l'innovation technologique, l'équilibre concurrentiel est « sous - optimal comme dans les autres modèles de croissance avec externalités », puisque la connaissance est non-exclusive de sorte à amener les entreprises à ne pas produire à un niveau optimal. Pour réduire cette distorsion, l'Etat doit subventionner l'innovation.

Aghion et Howitt (1992) distinguent également trois secteurs d'activités :

— la recherche ;

— la production de biens intermédiaires ;

— la production de biens de consommation.

Mais, à la différence de Romer (1990), et en formalisant le concept de destruction créatrice de Schumpeter, ils expliquent que les nouveaux biens créés grâce à l'innovation rendent obsolètes les biens crées antérieurement et mettent fin à la situation de monopole du producteur du bien précédent. Ainsi la croissance procède plutôt de la substitution de nouveaux biens aux anciens, et non par addition de biens anciens et nouveaux

## II. LES ETAPES DU DEVELOPPEMENT DE ROSTOW

Rostow (1960) considère le développement comme un processus historique linéaire passant par cinq étapes qu'il a définies :

— la société traditionnelle (traditional society) hostile au progrès, avec principalement l'exploitation de la terre, le PIB par habitant stationnaire, et même décroissant, l'égalité entre taux d'investissement (taux d'investissement) et taux de croissance démographique ;

— les conditions préalables au décollage (preconditions for take-off) : début de progrès avec une amorce de croissance économique, le taux de croissance dépassant celui de la démographie, avec une augmentation de la productivité agricole ;

— le décollage (take-off) : les investissements importants permettent d'accélérer le taux de croissance ; le niveau de vie augmente et le processus de croissance devient autosuffisant. Il y a donc accumulation générale de capital et accroissement du revenu des individus ;

— la phase de maturité : elle est caractérisée par une production de masse et la croissance économique s'accentue. Le taux d'investissement est élevé ;

— la phase de consommation de masse : le pouvoir d'achat est élevé et le revenu est élevé et mieux réparti.

Le caractère linéaire du processus du développement déterminé par Rostow, a été critiqué par Alexander Gerschenkron (1962) qui a, non seulement montré que certaines étapes peuvent être accélérées ou sautées, mais a également pris le contre-pied de la thèse de Rostow pour dire que l'industrialisation des pays sous-développés « s'écarte du modèle des pays industrialisés et ne suit pas les étapes systématiques sur un chemin prédéterminé ».

# III. LES MODELES ET THEORIES DU DEVELOPPEMENT ECONOMIQUE

Le développement économique se mesurant sur une longue période, la théorie cherche à expliquer les faits importants du phénomène de la croissance économique à long terme et à établir les parts imputables aux facteurs de production L et K et aux facteurs exogènes. A cet égard, Nicolas Kaldor (1961) a identifié « les faits stylisés décrits comme suit » :

— le revenu par tête croit de façon constante ;

— le capital par tête est croissant ;

— le taux de rendement du capital est constant ;

— le ratio capital – produit est constant :

— les parts du capital et du travail dans le revenu national sont constantes ;

— les pays ont des taux de croissance de la productivité différents.

La théorie de la croissance économique permet, entre autres, d'expliquer ces faits stylisés.

## 3.1. Les théories classiques et néoclassiques de la croissance

Les théories classiques de la croissance économiques sont moins optimistes par rapport aux thèses défendues par Ricardo (1815, 1817), Malthus (1798,1820), Mill (1848) et Schumpeter (1939) qui soutiennent qu'à long terme, l'économie sera dans un état stationnaire tout en reconnaissant que l'investissement est essentiel à la croissance économique.

Pour Ricardo (1815, 1817), les capitalistes utilisent leur épargne pour investir, .et la croissance dépend de la répartition des revenus. En effet, plus la part de profit des capitalistes est importante, plus ils investissent, plus la croissance s'accélèrera.

Toutefois, Ricardo pense qu'à cause du phénomène de rendement décroissant de la terre (on est en économie traditionnelle), il y aura de moins en moins d'investissement dans la mesure où la répartition du revenu sera moins favorable aux capitalistes, donc défavorable à l'investissement. Avec de moins en moins d'investissement, la production tend à baisser, et au niveau zéro d'investissement, l'économie ne croit plus et reste dans un état stationnaire. Mais, il est possible de reculer les frontières de l'état stationnaire de l'économie en l'ouvrant sur l'extérieur, d'où sa théorie des avantages comparatifs sur laquelle devra reposer le commerce international.

De même que Ricardo, Malthus (1798, 1820) croit que l'économie tend à ralentir et à converger vers un état stationnaire. Pour lui, il y a inévitablement, excès de demande de biens dû à la surpopulation puisque la population - donc les besoins - augmente selon une suite géométrique (suite de raison 2) alors que la production augmente selon une suite arithmétique (suite mathématique de raison 1). Il faut donc limiter le nombre de naissances par ce que Malthus a appelé, à l'époque, « la contrainte morale », c'est-à-dire la chasteté avant le mariage et le mariage tardif.

Des théoriciens ont expliqué comment et pourquoi la croissance a pu succéder à la phase de stagnation malthusienne. Galor (2011) présente les trois époques ,en Occident : malthusienne, post-malthusienne et moderne : « Le revenu par habitant stagne dans la phase malthusienne malgré quelque oscillation, croit mais faiblement pendant la phase post-malthusienne (1650- 1700) pour connaitre une croissance soutenue à l'époque moderne (vers 1820) », correspondant à l'industrialisation en Angleterre qui a été provoquées par des innovations « qui ont révolutionné les modes de vie et les habitudes de consommation ». La première révolution a apporté le train à vapeur, les hauts-fourneaux et les machines – outils quand la seconde (1870), a donné la production à la chaine, le moteur à combustion interne, l'automobile, la chimie, la téléphonie, l'exploitation du pétrole et l'électricité, la mécanographie (l'ancêtre de l'informatique) » (David de la Croix et thomas Baudin, 2015).

Ces innovations non seulement ont considérablement augmenté la productivité des entreprises, mais elles ont amélioré la productivité domestique (dans les foyers), donc des femmes.

Gary Becker (1964) note « qu'entre la génération de sa mère (époque de la machine à laver manuelle) et celle de sa fille (temps de la machine à laver électrique), cette dernière a économisé dix heures de tâches domestiques par semaine, libérant ainsi du temps pour l'accès des femmes au marché du travail ». Et Gary Becker et Weil (1996) démontrent la contribution de l'activité des femmes à la croissance à long terme.

Galor et Weil (2000) notent également que le décollage, une fois apparu, s'accompagne de transition démographique : la décroissance de la mortalité, par rapport à celle de la natalité, en période de décollage économique, produit une croissance démographique plus forte, mais transitoire. Puis, les deux taux se stabilisent à un faible niveau tel que la croissance de la population redevient presque négligeable comme dans le régime malthusien.

D'autres économistes montrent qu'il existe bien une corrélation entre transitions économiques, démographiques et scolaires. Ils distinguent deux types d'explication au décollage économique dû à l'incitation à accumuler du capital humain ; en effet, si, pour quelque raison que ce soit, « il s'avère profitable pour les ménages d'investir dans l'éducation, la croissance économique peut être soutenue par des externalités de capital humain telles que formulées dans les modèles de croissance endogène ». Deux types de chocs peuvent être considérés : « Le premier est relevé par Ben- Porath (1967) qui explique que les rendements des investissements dans l'éducation dépendent de la période de temps pendant laquelle ces investissements seront rentables. ». Ainsi un accroissement de l'espérance de vie rend l'investissement initial en capital humain plus profitable, dans la mesure où le capital humain est un facteur de croissance et que l'augmentation de la longévité (pour des raisons médicales, climatologiques ou biologiques) peut induire une accumulation continue de ce facteur, donc une croissance à long terme : le second facteur qui améliore l'éducation est d'ordre institutionnel : Engerman et Sokoloff (2002) « identifient les conditions sous lesquelles un pays qui instaurera l'éducation publique précocement, favorisera, par la même occasion, l'émergence d'une force de travail qualifiée et une production industrielle rapide ».

Galor (2011) atteste que la corrélation entre croissance démographique et décollage économique « est structurée par un arbitrage entre qualité et quantité d'enfants », reprenant ainsi le concept introduit par Becker (1960). L'arbitrage vient « de la contrainte budgétaire à laquelle sont soumis tous les parents potentiels et tous les pays ». Il pose alors :

Dépense d'éducation des enfants = nombre d'enfants X dépenses par enfants

En prenant en compte l'existence d'inégalités dans l'affectation des ressources, on peut écrire l'équation de façon suivante :

$$D = \sum_{i}^{n} d_{i}, \qquad (15)$$

D est la dépense totale

$d_i$ est la dépense pour l'enfant i

n est le nombre d'enfants.

Pour une dépense totale fixe, la qualité des enfants (l'éducation) ne peut être améliorée que par la réduction de leur nombre. La baisse de la fécondité au cours de la transition démographique permet d'accroitre les dépenses d'éducation et de santé des enfants, ce qui favorise la croissance du stock de capital humain de génération en génération. En conséquence, pour maximiser la croissance démographique, « qui permet d'atteindre la taille de la population compatible avec l'innovation, l'accumulation de capital et donc la croissance économique, il est nécessaire de réduire le nombre d'enfants et d'y substituer l'éducation ». Ici, même si l'auteur parle de réduction du nombre d'enfants, il met l'accent sur l'éducation qui doit être la substitution.

Hansen et Prescott (2002) pensent qu'il faut combiner modèle malthusien de stagnation et modèle de croissance néoclassique dans un seul cadre d'analyse du décollage économique. A cet effet, ils supposent une économie à deux secteurs, l'agriculture et l'industrie, à faible niveau de productivité et de technologie de sorte que toutes les ressources de l'économie (humaines ou capitalistiques) sont utilisées dans l'agriculture, sujette aux rendements décroissants du travail et à la rareté de la terre, c'est-à-dire un modèle malthusien. A la suite d'améliorations technologiques successives et exogènes, l'industrie devient profitable et attire des ressources. L'économie devient similaire à celle décrite par le modèle néoclassique de Robert Solow (1974).

Se situant dans l'économie traditionnelle, le modèle dualiste d'Arthur Lewis (1954) défend « le principe classique d'accumulation selon lequel les profits sont à l'origine de l'épargne, de l'investissement, donc de la croissance économique », les profits étant essentiellement le fait des capitalistes (industriels ou agricoles). Dans ces conditions, seule une modification de la répartition du revenu national en faveur du profit induit le développement.

Par la suite, Lewis (1954) divise l'économie en deux secteurs : le secteur capitaliste et le secteur de subsistance, à faible revenu et à faible productivité marginale avec des travailleurs peu qualifiés et où il existe une offre illimitée de force de travail qui constitue une réserve de travailleurs que le secteur capitaliste emploie et rémunère à salaire fixe. Pour lui, le développement, dans cette économie dualiste résulte de la « progression du secteur capitaliste (moderne) », car, le profit élevé des capitalistes servira à investir davantage pour accroitre la productivité marginale et embaucher davantage de travailleurs jusqu'à égaler salaire et productivité marginale. Dans cette logique, Lewis explique la faiblesse de l'épargne dans les pays sous-développés, non pas par leur état de pauvreté, mais par l'existence d'un secteur capitaliste réduit.

Dans son modèle de développement, la hausse du taux d'investissement national (I / Y) permet une croissance économique rapide. Et il estime que, pour passer de l'économie traditionnelle à l'économie moderne et au développement, un pays doit passer de 4% - 5 % à 12% -15 % de taux d'investissement, ce qu'il confirme par l'évolution de l'économie au Royaume Uni entre 1780 et 1870, aux Etats-Unis d'Amérique de 1840 à 1890 et en Inde à partir de 1945 (cf. J. Brasseul et C.. Lavrard-Meyer, 2016).

Pour maximiser la croissance économique, Lewis (J. Brasseul et Cécile Lavrard-Meyer, 2016) recommande :

— une politique d'expansion monétaire ;

— la non contrôle des prix industriels et de l'inflation, pour ne pas réduire les profits (donc l'investissement) ;

— l'empêchement de la hausse prématurée des salaires (par des aides, des politiques fiscales ou des contrôles de prix dans le secteur agricole) dans le secteur de subsistance pour préserver l'attrait des salaires plus élevés dans le secteur capitaliste moderne qui accroit l'investissement ;

— la protection des industries nationales de la concurrence étrangère pour éviter que cette dernière ne pèse sur les prix domestiques du secteur moderne, et donc l'accumulation du capital aux fins d'investissement. ;

— le découragement des exportations, par des contrôles de change, pour préserver l'épargne et l'investissement national ;

— la non application des politiques sociales trop ambitieuses et « prématurées et la non concession d'avantages trop marqués aux syndicats pour maintenir la répartition du revenu national favorable aux profits », donc à l'accumulation du capital qui permet d'accroitre l'investissement.

Malgré les critiques sur le transfert des travailleurs vers le secteur moderne (Clark, 1999), la fixité du salaire dans le secteur capitaliste (industriel), la question des débouchés, le contrôle de change et de prix et le protectionnisme qu'il préconise – le modèle de Lewis peut s'adapter aux économies africaines de nos jours, à travers l'accent mis sur l'investissement comme facteur essentiel du développement économique.

### 3.2. Les institutionnalistes

Pour les institutionnalistes, l'analyse économique doit intégrer aussi les variables sociologiques et politiques. En effet, des institutions bien organisées et adaptées permettent d'éviter les pertes de temps, d'énergies, le gaspillage des ressources et des compétences.

Le courant institutionnaliste trouve son origine dans les premiers travaux élaborés par Thorstein Veblen (1899), Willard Atkins (1932) et Wesley Clair Mitchell (1967). Après une période d'éclipse, elle a regagné de l'intérêt, depuis les années 1960, avec des auteurs comme John K. Galbraith (1962), Gunnar Myrdal (1968), Nicolas Kaldor (1961, 1977), Joseph Stiglitz (2003) et le néo-institutionnalisme représenté par Oliver Williamson (2000) et Floro (1991). Selon Willard Atkins (1932), l'institutionnalisme est basé sur cinq (05) postulats :

— les comportements de groupe et non les prix doivent être au centre de l'analyse économique ;

— une plus grande attention accordée aux régulations des coutumes, des habitudes, des lois en tant que facteurs organisant la vie économique ;

— les individus sont influencés par des motivations qui ne peuvent être quantifiées ;

— le comportement économique évolue en permanence, et les généralisations économiques, conséquemment, doivent continuer de spécifier le repère du temps et du lieu d'application ;

— la tâche de l'économiste, c'est d'étudier les sources et les raisons des conflits d'intérêts dans la structure sociale existante. Cette étude fait partie du sujet, le conflit n'est pas seulement une divergence par rapport à une norme hypothétique.

Ainsi l'économie fonctionne grâce aux institutions ; il s'agit notamment des lois, règles, normes et routines qui « produisent, pour les acteurs économiques, de la prévisibilité dans un contexte d'incertitude et de déterminations diverses. L'intérêt de la réglementation est de minimiser l'incertitude et les coûts de transaction ».

## 3.3. Keynes et les néokeynésiens

### *3.3.1. Le modèle Harrod-Domar*

Keynes (1936) ne s'est focalisé que sur le court terme. Mais, les néokeynésiens Harrod (1960) et Domar (1957) ont apporté une contribution à l'explication de la croissance à long terme, même s'ils reconnaissent que cette croissance peut être instable (parce que déséquilibrée) et que le déséquilibre est cumulatif. En effet, dans ce modèle, au contraire de la théorie néoclassique basée sur la fonction Cobb-Douglas, tout impact des conditions financières sur le rapport épargne-investissement entraine un effet permanent sur la croissance à long terme.

A partir de l'hypothèse du surplus d'offre de travail, on peut écrire :

$$Y = a\,K \qquad (16)$$

Ce qui implique

$$\Delta Y = \Delta\, a\, K = a\, \Delta\, K \qquad (17)$$

En divisant les deux côtés de l'équation par Y, on a

$\Delta\, Y / Y = \; a\, \Delta\, K / Y = a\, I / Y$, puisque

$\Delta\, K = I$

Or, $\Delta\, Y / Y = g$ = taux de de croissance de l'économie et

$I / Y$ = taux d'investissement dans l'économie

On a alors

$$g = \Delta Y / Y = a\, I / Y \qquad (18)$$

Ainsi tout accroissement de I / Y accroit le taux de croissance de l'économie.

### *3.3.2. Les structuralistes*

La pertinence de l'application de l'analyse macroéconomique aux pays en développement a donné lieu à un débat entre monétaristes et structuralistes, particulièrement en ce qui concerne l'Amérique Latine. En effet, les structuralistes, s'inscrivant dans le droit fil de l'analyse de

Keynes, contestent l'efficacité des mécanismes du marché, y compris dans les pays en développement.

Pour les monétaristes, l'orthodoxie macroéconomique dominante s'applique aussi bien aux pays en développement qu'aux pays développés. Mais, ils expliquent que « la croissance économique à long terme est contrariée dans les pays en développement par des politiques dirigistes qui créent des distorsions dans l'allocation des ressources ». Comme remède à long terme, ils préconisent la promotion de la croissance économique par le mécanisme de marché à travers le libre-échange et la non intervention de l'Etat dans le fonctionnement de l'économie au niveau interne. Pour combattre l'inflation et les déficits de balance des paiements provoqués dans ces pays, par l'offre de monnaie excessive due aux déficits budgétaires importants, il faut pratiquer une politique fiscale rigoureuse combinée avec le maintien de niveau de prix correct obtenu grâce à la dévaluation et à l'augmentation des taux d'intérêt (Harberger, 1963 et Sjaastad, 1983). De façon générale, ces recommandations de politiques économiques ont été reprises et appliquées par les institutions financières internationales (FMI, BRID) dans les pays en développement (cf. paragraphe 3.4.2.3. plus loin).

Mais les structuralistes, eux, expliquent que l'élasticité de la demande des matières premières étant plus faible que celle des produits industriels, les pays en développement (la Périphérie) exportateurs de ces matières premières font face à la détérioration de leurs termes de l'échange par rapport aux produits industriels des pays développés (le Centre). Il faut donc éviter la politique de la spécialisation basée sur la théorie classique de l'avantage comparatif et pratiquer une politique interventionniste de l'État pour promouvoir l'industrialisation et protéger l'industrie naissante - infant industry – dans les pays de la Périphérie, contre la concurrence du Centre à travers :

— l'instauration de barrières commerciales (tarifs douaniers) et les contrôles de change étranger ;

— l''importation à moindre prix des inputs (facteurs de production) grâce à une surévaluation du taux de change ;

— l'octroi de crédits moins cher ;

— l'offre de travail bon marché.

A partir des années 1990, les Nouveaux Structuralistes (the New Structuralists) dont Lance Taylor (1990) et Joseph Stiglitz (1992) ont porté leur analyse sur la stabilisation macroéconomique à court terme, en considérant un certain nombre d'hypothèses :

— la plupart des agents économiques possèdent un pouvoir de marché significatif ;

— le processus macroéconomique dans les pays en développement procède des investissements, des exportations et des dépenses de l'Etat, des fuites (ou pertes) d'importations et d'épargne ;

— la monnaie est souvent exogène ;

— la structure du système financier peut affecter, de façon significative, les résultats macroéconomiques ;

— les biens intermédiaires et de capital importés ainsi que la complémentarité entre investissements publics et investissements privés sont empiriquement importants.

Les Nouveaux Structuralistes remettent en cause les politiques « de traitements de choc » sous forme d'austérité couplées de dévaluation et de politique monétaire restrictive. Pour eux, la relative lente croissance de la productivité dans l'agriculture (due à la mauvaise gestion de la terre), les prix administrés (provenant de la concurrence imparfaite des marchés et instaurant la rigidité des prix) et l'indexation des salaires sont à l'origine de l'inflation. En conséquence, « la politique monétaire devient passive face à ces forces inflationnistes ».

Ils relèvent qu'à cause du capital circulant et des inputs importés et du fait que les substituabilités d'actifs sont plus limitées qu'initialement prédites par les partisans de la gestion macroéconomique orthodoxe, une politique combinant la dévaluation avec des politiques fiscale rigoureuse et monétaire restrictive conduira à une stagflation( situation de forte inflation, de croissance faible et de chômage élevé) à court terme, avec peu d'amélioration ou même sans amélioration des comptes extérieurs (Agenor et Montiel, 1996).

### *3.3.3. Le modèle de l'industrialisation par substitution d'importations*

Préconisé par Raul Prebisch et Celso Furtado, ce modèle a été mis en pratique surtout en Amérique Latine (Argentine, Brésil, Mexique etc.). Il consiste à mettre en place une industrialisation par substitution d'importations pour protéger le marché intérieur par l'instauration de barrières douanières et permettre le développement de l'industrie nationale.

### *3.3. 4. Le modèle Feldman - Mahalanobis*

Il consiste à développer d'abord « l'industrie industrialisante », c'est-à-dire l'industrie lourde en utilisant les matières premières existantes pour la fabrication des produits intermédiaires, puis des industries qui permettront à leur tour de produire davantage de produits manufacturés. Par exemple, « l'existence de minerai de fer et de charbon favorise l'implantation d'une aciérie qui permettra de développer par la suite, une industrie automobile ». Mais l'expérience de ce modèle a été un échec en Algérie en raison de la capacité réduite de la main-d'œuvre locale et du volume important d'investissements auquel le pays ne pouvait faire face.

Par contre, commencer par développer des industries de produits de masse requérant peu de capital, avec une force de travail peu qualifiée, disponible et payée à moindre frais, est absolument réalisable en Afrique. L'exemple d'un tel cas est « l'implantation d'abord d'une fabrique de T-shirts, puis d'une industrie de tissage, suivie d'une industrie de filature de coton ». Mais, un tel modèle peut se heurter à la concurrence de marchés extérieurs compétitifs ou aux barrières douanières protégeant des produits domestiques dans d'autres pays.

### 3.4. Les modèles néoclassiques

Le modèle néoclassique comporte plusieurs variantes.

#### *3.4.1. Le modèle de Solow*

Robert Solow (1956) a formulé le premier modèle de croissance néoclassique en basant la production des biens et services sur la combinaison des facteurs capital et travail. Dans son modèle, les entreprises utilisent « l'épargne des ménages pour investir et augmenter leurs capacités de production » ; L'épargne contribue donc à l'accumulation du capital. Il émet toutefois 'hypothèse de la productivité marginale décroissante de sorte qu'en absence de progrès technique, la croissance de l'économie tend vers l'état stationnaire. Ainsi la croissance à long terme ne peut être induite que par le progrès technique parce que ce dernier permet d'accroitre la productivité du capital.

Or, le progrès technique est exogène au modèle de Solow, et les keynésiens soulignent qu'à court terme, une augmentation de l'épargne (donc une baisse des dépenses) provoque la récession et crée une hausse du chômage.

#### *3.4.2. Les autres modèles néoclassiques*

##### *3.4.2.1. Les adeptes du libéralisme (le laisser-faire)*

D'autres économistes, comme Jacob Viner (1950,1952), P. T. Bauer (1957), Basil Yamey (1957) et Jagdish Bhagwati (1958) d'inspiration néoclassique, ont développé l'idée que la croissance économique dépend, entre autres, des facteurs suivants :

— le respect des forces du marché et des initiatives individuelles ;

— l'ouverture au commerce extérieur ;

— l'investissement étranger ;

— la stabilité politique et sociale.

Pour eux, le marché est un facteur « d'utilisation efficace des ressources et d'incitation pour réguler la production, innover et favoriser la croissance », et l'appropriation privée des moyens de production ne peut s'accommoder que d'un système politique « pluraliste et démocratique ».

Bauer et Yamey (1957) refusent l'explication « du sous-développement par la colonisation et insistent sur l'importance des ressources humaines et des institutions appropriées », dans le droit fil de la théorie du développement endogène, avec davantage « de liberté économique pour une plus grande efficacité économique et une évolution vers la démocratie » qui constitue l'environnement propice au développement économique.

Pour d'autres économistes encore, adeptes du laisser-faire, tels que Harry Johnson (1978), Anne Krueger(1988), Bela Balassa (1989), Arnold Harberger (2005), les pays en développement ont besoin « de plus de laisser - faire, donc de liberté, et non d'aide accrue, de nouvel ordre international, de politique antinataliste, de planification, de mesure contre le dualisme. ». Car, selon eux, « la persistance du sous-développement relève fondamentalement de la mauvaise allocation des ressources provoquée par les prix biaisés et une intervention publique trop envahissante ». En conséquence, il faut :

— laisser fonctionner librement le marché qui induit l'efficacité économique ;

— promouvoir le libre-échange par la promotion et la diversification des exportations, car le commerce extérieur stimule la croissance économique, d'où l'expression export - led growth ;

— favoriser l'afflux des capitaux étrangers et les aides directes ;

— privatiser les entreprises publiques ;

— éviter la réglementation excessive tout en limitant la bureaucratie.

*3.4.2.2. Le financement extérieur du développement*

Le financement du développement économique sur fonds extérieurs se fait par trois moyens :

— l'aide extérieure ;

— l'investissement direct étranger ;

— l'endettement international.

Pour Rostow (1956), l'aide extérieure est indispensable au développement, mais doit s'arrêter dès que le pays concerné atteint le stade du développement.

Aujourd'hui, elle constitue un appoint important dans le processus de développement des pays sous-développés.

L'investissement direct étranger est de plus en plus conditionné par les appréciations des agences de notation (Transparency International, Standard and Poor's, Woody's, Fitch Rating etc.) et des institutions de Breton Woods sur la situation économique et financière des potentiels bénéficiaires. Or, ces organismes relèvent régulièrement la mauvaise gouvernance dans presque tous les pays africains, ce qui contribue à ralentir ce type de financement en Afrique.

Depuis le Plan Marshall, après la seconde guerre mondiale, l'endettement international est devenu une source de financement du développement. Mais, il a été fortement contrarié par la grave crise de l'endettement international dès le début des années 1980. Toutefois, il demeure une source de financement efficace tant que l'on respecte, entre autres, la capacité de remboursement du pays emprunteur.

#### *3.4.2.3. La théorie monétariste du FMI*

L'application du monétarisme du FMI, formulé par Jacques Polak, se fait à travers ses Programmes d'Ajustement Structurel (dont l'ajustement monétaire est, naturellement, un élément essentiel) qui sont imposés, depuis 1981, aux pays en voie de développement, pour y assainir, dit - t- on, la gestion monétaire et financière et accélérer la croissance économique. Mais, les résultats restent mitigés parce qu'ils sont basés sur l'approche monétaire de la balance des paiements, une théorie fragile, et même erronée en qui concerne sa variante formulée par le FMI. En effet, dans l'optique du FMI, on a :

$$\Delta MO = \Delta R + \Delta D \qquad (19)$$

avec $\Delta MO$ = variation de l'offre de monnaie

$\Delta R$ = variation des réserves extérieures

$$\Delta R = X - M + K \qquad (20)$$

$\Delta D$ = variation des dépôts bancaires

R = réserves extérieures

D = dépôts bancaires = dépôts à vue ($D_1$) + dépôts à terme ($D_2$)

X, M et K étant respectivement les exportations, les importations et les flux de capital du secteur non bancaire.

Or, les réserves R sont de l'épargne, et l'épargne est une composante du revenu Y selon la formule bien connue

$$Y = C + S.$$

Par conséquent, R n'est pas de la monnaie.

Les dépôts bancaires (D), constitués de dépôts à vue ($D_1$) et de dépôts à terme ($D_2$), ne sont pas non plus de la monnaie. Les dépôts à vue ($D_1$), considérés comme de la monnaie scripturale, ne sont pas, en réalité, de la monnaie ; ils sont, à la limite, de la quasi-monnaie. Les dépôts à terme ($D_2$) sont de l'épargne et non de la monnaie. Les deux types de dépôts ne peuvent être considérés comme de la monnaie parce qu'ils ne remplissent pas toutes les trois fonctions dévolues à la monnaie, à savoir, d'intermédiaire des échanges, d'unité de compte et de réserve de valeur. Seuls les billets et pièces (monnaie fiduciaire) constituent la monnaie au sens propre (ou strict), parce que remplissant pleinement ses trois fonctions (cf. S.A. Djelhi-Yahot, *Gouvernance en Afrique : la théorie générale de la gouvernance économique*, paru en juin 2017 aux éditions l'Harmattan à Paris).

A la différence des dépôts bancaires, les billets et pièces (monnaie fiduciaire), obtenus après une transaction ou un retrait à la banque, peuvent être et sont utilisés par leurs détenteurs, pour effectuer d'autres transactions de sorte qu'ils passent, de main en main, chez les différents agents économiques qui les reconnaissent et les acceptent comme de la monnaie.

Les deux types de dépôts bancaires ($D_1$ et $D_2$) ne peuvent servir de moyens de paiement qu'une seule fois, à travers leurs supports physiques que sont le virement, le chèque et la puce (carte) électronique. En effet, après une première transaction (à l'aide d'un support), les dépôts bancaires ne peuvent plus remplir la fonction d'intermédiaire des échanges – sauf s'ils sont transformés en monnaie liquide, c'est – à – dire en billets et pièces. En cas de virement d'un compte bancaire à l'autre, les dépôts bancaires conservent leur forme de monnaie scripturale, et le bénéficiaire peut, à son tour, procéder à d'autres règlements par virement, chèque ou puce (carte) électronique. Or, pour la même quantité (ou le même montant) de monnaie, les supports - virement, chèque et puce (carte) électronique - ne peuvent être utilisés qu'une fois, pour la même transaction, le bénéficiaire du règlement ne pouvant faire usage de ces supports (qui ne sont pas de la monnaie) pour d'autres transactions, pour son propre compte.

Par contre, un autre virement peut intervenir après le premier, à partir du compte bancaire du bénéficiaire, mais la monnaie demeure toujours scripturale. Elle peut alors être encaissée sous forme liquide, c'est – à – dire en billets et pièces pour permettre d'autres transactions ; mais, elle aura changé de nature : de scripturale, elle est devenue liquide pour servir d'intermédiaire d'échange et pouvoir remplir pleinement les deux autres fonctions dévolues à la monnaie.

Mais, en état liquide (monnaie fiduciaire), la monnaie ne peut demeurer indéfiniment réserve de valeur, puisque qu'elle peut être érodée par l'inflation et perdre du pouvoir d'achat.

Les dépôts bancaires ne peuvent non plus servir véritablement d'unité de compte sauf s'ils sont préalablement convertis en monnaie liquide, auquel cas ils deviennent de la monnaie fiduciaire.

La seule véritable fonction de la monnaie que les dépôts bancaires remplissent, c'est celle de réserve de valeur : tant qu'ils ne sont pas transformés en monnaie liquide (billets et pièces), ils conservent leur valeur et ne peuvent être érodés par l'inflation.

On tire la conclusion que les dépôts bancaires, parce que ne remplissant véritablement et pleinement qu'une seule des trois fonctions de la monnaie, ne sont pas de la monnaie. Donc, la monnaie au sens strict M, ce n'est ni $M_1$ ni $M_2$, comme l'enseigne la théorie économique traditionnelle, mais $M_0$, c'est-à-dire la monnaie fiduciaire : d'où

$$M = M_0 = M_1 - D_1$$

si l'on part du concept erroné de la théorie économique traditionnelle que $D_1$ est de la monnaie, pour faire la démonstration.

Dans une économie, la masse monétaire au sens strict qui correspond à la réalité économique, c'est la quantité de monnaie fiduciaire qui remplit pleinement les trois fonctions de la monnaie, c'est-à-dire

$$M = M_0$$

En conséquence, l'équation (19) qui est celle posée par le FMI, c'est -à -dire

$$\Delta MO = \Delta R + \Delta D$$

est totalement erronée et ne saurait indiquer une quelconque variation de l'offre de monnaie à partir de laquelle on pourrait influencer l'économie d'un pays.

Baser donc une politique économique, en l'occurrence, les Programmes d'Ajustement Structurel (P.A.S.) sur ce modèle erroné du FMI (construit sur des concepts erronés que les dépôts bancaires et les réserves extérieures sont de la monnaie, alors qu'ils ne le sont pas), ne peut que conduire à des résultats sinon décevants, du moins mitigés, dans les pays africains.

De plus, le FMI s'est, de tout temps, empêtré dans ses propres contradictions : chantre du monétarisme, il le faisait, paradoxalement, appliquer en régime de change fixe, au mépris du concept monétariste du triangle de l'impossible trinité (modèle Mundell-Fléming) ; dans le cadre de ses Programmes d'Ajustement Structurels, il a toujours imposé la dévaluation malgré ses effets seulement transitoires reconnus par la théorie monétariste elle-même, quand il s'agit des économies des pays exportateurs de matières premières. Les résultats mitigés de la dévaluation du franc CFA en 1994 en sont une parfaite illustration.

Après quarante ans bientôt (nous sommes en 2019) d'ajustement structurel, la plupart des pays africains au sud du Sahara n'ont pas beaucoup progressé sur le chemin du développement économique : « Les bons élèves du FMI, autant que les mauvais et les récalcitrants, demeurent toujours sous-développés » (S.A. Djelhi-Yahot, 2017)

L'Afrique et les institutions de Breton Woods, parce qu'ils ne comprennent pas bien ou font semblant de ne pas comprendre les phénomènes monétaires, infligent des souffrances gratuites aux enfants d'Afrique, à travers des politiques économiques (les PAS) basées sur des concepts théoriques fragiles ou erronés (approche monétaire de la balance des paiements, critères de convergence macroéconomique dans l'UEMOA), aux résultats mitigés ou désastreux, aux coûts sociaux extrêmement élevés.

Dans sa tentative d'adapter l'approche monétaire de la balance des paiements à l'Afrique, Tchétché Nguessan (1996) a formulé, pour les pays africains de la zone CFA, l'équation suivante :

$$\Pi = \alpha \, (M / P) + (1-\alpha) \, AE$$

M = masse monétaire

AE = avoirs extérieurs

P = niveau général des prix

$\alpha$ et $(1-\alpha)$ sont les coefficients de pondération

Les gouverneurs des banques centrales, BCEAO et BEAC, devront atteindre, en toute indépendance, la valeur optimale de $\pi$ prédéterminée par un collège de politique monétaire - synonyme de bonne gouvernance monétaire - et seront soumis à un système de rémunération bonus / malus selon que les objectifs seront atteints ou non.

Mais, l'approche monétaire de la balance des paiements, elle – même, est contrariée par un certain nombre de faits, à savoir :

— les bonnes performances économiques réalisées dans les pays où les banques centrales ne sont pas indépendantes, contrairement à la prescription monétariste. C'est le cas du Japon jusqu'à nos jours et de l'Angleterre avant la réforme de 1997 qui lui conféra le statut d'indépendance opérationnelle vis-à-vis du pouvoir exécutif ;

— l'absence de corrélation entre l'indépendance de la banque centrale et les fluctuations réelles de l'économie (cf. études de Summers et Alesina en 1993, Cukierman, Kalaitsidakis, Sunner et Webb en 1993, Eijffinger et Schaling en 1993 et Pollard en 1993.) ;

— la corrélation négative entre indépendance de la banque centrale et taux d'inflation (cf. études économétriques de Cukierman en 1992, Webb et Neyapti en 1992 Eijffinger et Haan en 1996) ;

— les effets défavorables : Friedman (1968) relève trois effets défavorables que produit l'indépendance de la banque centrale sur la politique monétaire : la dispersion des responsabilités, l'importance des questions de personne et la tendance à accorder une importance exagérée au point de vue des banquiers. Il en tire la conclusion que la banque centrale ne doit pas être complètement indépendante et propose « d'instituer un dispositif règlementaire, destiné à contrôler le comportement de la masse monétaire ». Dans cette optique, il préconise un taux d'accroissement annuel constant de la masse monétaire (variant, par exemple, entre 3% et 5%).

En plus de ces faiblesses qu'elle partage avec le monétarisme international originel, la théorie de T. Nguessan (1996) pose un certain nombre de problèmes :

— le manque de prise en compte des variables telles que le revenu Y, le taux de croissance économique g et les dépenses publiques G ;

— l'inconsistance de la formule qui se manifeste sous deux angles : d'abord, elle additionne valeur de la monnaie (M/P) et réserves extérieures AE, alors que les réserves extérieures ne sont pas de la monnaie, mais de l'épargne, donc une composante du revenu selon la formule bien connue

$$Y = C + .S.$$

De plus, on ne peut, économiquement et rationnellement, additionner monnaie (M) et revenu (Y), d'autant plus que la monnaie est un stock et que le revenu est appréhendé sous forme de flux ; ensuite, la pondération des deux variables M/P et AE respectivement par α et (1-α) ne peut s'expliquer ni économiquement ni statistiquement. : M/P étant calculée dans l'économie domestique, on ne peut mesurer son importance (son poids) dans l'économie interne que par rapport à celle d'une variable interne et non par rapport à celle des AE qui résultent du compte extérieur. Statistiquement, ce n'est pas possible ; économiquement, c'est un non-sens. La pondération de ces deux variables est donc erronée.

— l'absence de la méthode de détermination de la valeur optimale de π ;

— la contradiction, entre le potentiel comportement bureaucratique du gouverneur de la banque centrale - découlant du principe microéconomique de la maximisation de l'utilité de l'agent économique - et les décisions d'intérêt général que le gouverneur est sensé prendre, qui peut hypothèquer la gouvernance monétaire ;

— l'illégitimité de la conduite de la politique monétaire – fondamentale pour la vie sociale - par le gouverneur de la banque centrale qui n'est pas responsable devant le peuple, en lieu et place du détenteur du pouvoir politique qui est responsable devant le peuple.

En conséquence, la formule $\pi = \alpha\ (M / P) + (1-\alpha)\ AE$ ne peut véritablement s'inscrire dans l'optique monétariste - qui, de surcroit, est une théorie fragile - et conduire à une bonne gouvernance monétaire puisqu'elle comporte des erreurs conceptuelles tant du point de vue économique que mathématique.

*3.4.2.4. Les théories de la croissance endogène*

Développées à partir des années 1980, par Paul Romer (1986, 1993), Robert Barro (1995, 2000, 2008) et Robert Lucas (2000), les théories de la croissance endogène « expliquent le caractère cumulatif de la croissance ; au contraire des thèses de Robert Solow, ces économistes démontrent que les rendements sont croissants et que le progrès technique est endogène, c'est- à - dire qu'il est interne au système de production et « dépend du comportement des agents économiques ».

Lucas (2000) met l'accent sur le capital humain parce ce que « le travailleur devient plus productif lorsqu'il accumule des connaissances et des compétences ». Or, l'accumulation du capital humain permet d'innover, donc de bénéficier de savoir-faire nouveaux.

Paul Romer (1986), lui, se focalise sur la recherche-développement, c'est-à-dire le capital technologique qui permet d'accroitre la productivité et de générer des externalités positives sur l'ensemble de l'économie : « Si chaque apport de captal permet une production supplémentaire égale ou plus élevée, la croissance peut se poursuivre indéfiniment même sans progrès technique. Il suffit d'élargir la notion de capital technique à celle de capital humain (connaissances, qualité de la main d'œuvre) pour avoir la possibilité de rendements croissants » (cf.J. Brasseul et C. Lavrard, 2016).

Pour Barro, l'investissement public, c'est-à-dire le capital public, joue un rôle important dans la croissance, car les infrastructures publiques (routes, aéroports, éclairage publique etc.) « stimulent la productivité des agents privés », et partant, l'activité économique qui, à ton tour, générera davantage d'impôts pour le financement d'autres infrastructures publiques.

A tous ces facteurs de la croissance endogène (accumulation de connaissances, capital humain, infrastructures publiques), il faut ajouter les dépenses de recherche (cf. les effets de la recherche-développement).

*3.4.2.5. Le développement durable*

Introduit par l'ONU (cf. Rapport Brandtland, 1987), le concept de développement durable renvoie à un développement qui intègre les aspects écologiques et ne remet pas en cause les « conditions de vie et les ressources naturelles des générations futures » et qui favorise la réduction de la pauvreté.

En intégrant à la fois le progrès économique, la préservation de l'environnement et la justice sociale, le développement durable ne remet en cause ni le rôle des variables explicatives traditionnelles que sont l'investissement (I), l'épargne (S) et le progrès technique ($\lambda$) ni celui des facteurs travail (L) et capital(K).

La conférence de l'ONU à Rio (Brésil) en 1992, « fait reposer le développement durable ou soutenable sur trois éléments : le progrès technique, la préservation de l'environnement et la justice ». Le débat va alors s'instaurer entre « les partisans d'une décroissance ou d'un après-développement - durabilité forte - tels que Serge Latouche (2006) et Herman Daly (1997, 2014) qui s'appuient sur les travaux de Nicholas Georgescu – Roagen (1995) et ceux d'une durabilité faible impliquant le maintien d'une croissance nécessaire (J.Brasseul et C. Lavrard, 2016). Les derniers argumentent que « l'on peut entamer le capital naturel si on crée un capital de connaissances, un capital immatériel ou artificiel qui se substitue au premier et permettrait de mieux gérer les ressources ».

Les partisans de la décroissance eux, dénient toute substitution entre les deux, admettent seulement une complémentarité entre les deux types de capital et s'insurgent contre toute réduction des ressources naturelles ( Harpagès et Latouche, 2010).

D'autres auteurs vont plus loin « en prônant l'instauration de mesures coercitives avec un régime autoritaire - on parle « d'éco totalitarisme ou d'éco fascisme » - pour imposer, « à une population insouciante et aliénée par la consommation, la sauvegarde de l'environnement et du futur de la planète ».

Pour nous, aucune proposition extrême n'est applicable et efficace, puisqu'il s'agit de « réconcilier l'homme avec la nature ». La solution serait donc d'appliquer l'optimalité de Pareto pour déterminer, de façon optimale, la satisfaction des besoins des hommes et la préservation de la nature, minimisant ainsi les coûts d'opportunité.

## 3.5. L'approche marxiste du développement économique

L'approche marxiste du développement tente d'expliquer les relations entre le capitalisme (principalement centralisé dans les pays développés) et la périphérie représentée par les pays du Tiers-monde. Marx a expliqué la nécessité d'un marché mondial et non national, pour le système capitaliste. Ses successeurs iront plus loin, en développant le concept de l'impérialisme, pour préconiser la rupture avec le capitalisme central, condition indispensable pour réaliser le développement économique des pays du Tiers-monde.

Marx soutient que « la propagation mondiale du capitalisme est inéluctable », et elle s'effectue à travers la création du marché mondial à l'exemple du développement du marché à l'intérieur des pays développés.

Pour lui, l'économie capitaliste est constituée par deux secteurs distincts 1 et 2 :

— le secteur 1, dit des biens d'équipement qui produit les biens nécessaires à l'investissement dans les deux secteurs un et deux ;

— le secteur 2 qui produit et fournit les biens de consommation aux capitalistes et aux travailleurs.

Marx explique que le « rapport entre les produits des secteurs 1 et 2 doit absolument croître dans la mesure où les capitalistes ont tendance à remplacer les travailleurs par des machines. « Ce processus semble contradictoire ». En effet, la production du secteur 1 (de biens d'équipement)) ne peut croitre plus vite que si les capitalistes investissent, en d'autres termes, que s'il y a possibilités de débouchés. Or, les débouchés internes semblent compromis puisque les salaires sont maintenus à un niveau minimum de subsistance. Marx en tire la conclusion que les débouchés extérieurs (donc la création du marché mondial) constituent les conditions préalables à l'accroissement du secteur 1 (des biens d'équipement).

Par ailleurs, il montre que le capitaliste est confronté à la baisse tendancielle de sa rentabilité ou de son taux moyen de profit.

Soit,

V, la dépense en travail payée aux ouvriers (exprimée en heures de travail contenues dans ce que les travailleurs achètent avec leur salaire) ;

C, la dépense en capital (quantité de travail moyen incorporée dans les matières premières et biens d'équipement) ;

PL, le profit total (exprimé en heures de travail et appelé plus-value par Marx).

Le taux de profit :

$$\pi = PL / (C + V)$$

aura tendance à baisser dans le temps à cause de la substitution du capital au travail. En effet, en divisant le numérateur et le dénominateur par V, le taux de profit $\pi$ s'écrit :

$$\pi = (PL / V) / (1 + C / V)$$

Avec l'hypothèse que PL / V est constant, et est engendré par le rapport de forces fixé entre capitalistes et travailleurs, l'augmentation de C par rapport à V accroit C / V et diminue donc le taux de profit. Ainsi le capitalisme porterait, en son sein, le germe de sa propre destruction.

« Il devient alors impératif d'intégrer, dans le circuit économique, des travailleurs du Tiers – monde qu'il est possible de surexploiter ».

On peut relever le taux de profit de deux façons : soit par l'importation de matières premières sous-payées (à cause du paiement aux producteurs de salaires réels plus faibles), soit par l'utilisation des travailleurs immigrés se contentant de salaires réels plus faibles.

Le Tiers-monde apparait clairement comme une source d'approvisionnement en vue du maintien du taux de profit dans le système de production du capitalisme central, c'est-à-dire des pays capitalistes. D'où le concept d'impérialisme introduit et rejeté par les économistes de la pensée marxiste, parce qu'à l'origine du retard des pays sous-développés (cf. A. Emmanuel).

On peut valablement objecter au raisonnement de Marx basé sur les valeurs exprimées en temps de travail qui, en réalité, ne sont pas des données et sont fonction de l'évolution technologique, donc des investissements (en de nouvelles technologies) qui sont soumis eux-mêmes aux opportunités de débouchés, donc à des variables économiques.

Les équations d'interdépendance entre les deux secteurs 1 et 2 restent fragiles quand la baisse tendancielle du taux de profit est hautement discutable et fortement remise en cause par la théorie économique (cf. Théorème d'Okishio, 1961 et Roemer, 1979).

En effet, en application de la théorie mathématique des matrices non négatives de Perron-Frobenius) et à partir des équations d'un cycle de production, l'économiste japonais, Okishio (1961) démontre que le taux de profit augmente - et ne baisse pas - grâce à l'accroissement des gains de productivité engendré par l'introduction du progrès technique.

### 3.6. Les autres théories du développement

Il s'agit de théories du développement s'inspirant de plusieurs courants de pensées que nous ne classons pas dans un courant de pensée économique spécifique.

#### *3.6.1. Le développement autocentré*

Arghiri Emmanuel (1965), A.G. Frank (1969), Samir Amin (1970, 1985) d'inspiration marxisante et Celso Furtado (1970) du courant structuraliste (et néokeynésien) ont élaboré et recommandé la théorie du développement autocentré pour les pays du Tiers-monde dans les années 1960-1970 ; elle est en opposition au développement orienté vers l'exportation. Pour ces économistes, le monde est divisé entre un Centre (les pays développés) avec une production homogène et très diversifiée, et une Périphérie (les pays sous-développés) ayant une économie dualiste et peu diversifiée ; les différences entre Centre et Périphérie sont engendrées par la division internationale du travail. L'économie de la Périphérie est extravertie vers le Centre (à cause de l'échange inégal) si bien que son surplus économique y est transféré à travers :

— le pillage des ressources et de la main d'œuvre à l'époque coloniale ;

— le rapatriement des bénéfices des investisseurs ;

— le service de la dette ;

— la détérioration des termes de l'échange ;

— la fuite des capitaux.

L'échange inégal, à la base des inégalités croissantes entre les pays, selon Arghiri Emmanuel (1965), « c'est l'échange des biens qui incorporent des quantités de travail différentes ». Dans l'échange d'un produit du Centre contre un produit de la Périphérie, au même prix (ce qui est en apparence équitable), le premier, par exemple, incorpore moins d'heures (deux heures) que le second (dix heures), à cause des énormes différences de salaires. Comme la valeur des marchandises est mesurée par le travail, le premier bien s'échange à une valeur nettement inférieure à celle de l'autre bien. Et Emmanuel explique l'écart de salaires par la mobilité du capital - donc du profit- et l'immobilité du facteur travail. Ainsi il y a transfert de valeur de la Périphérie vers le Centre capitaliste en termes de surprofits et de sursalaires de la classe ouvrière qui s'embourgeoise et participe, de ce fait, à l'exploitation des économies du Tiers Monde. Il n'y a donc pas internationalisation du prolétariat.

Pour d'autres économistes, « les écarts de salaires sont imputables aux écarts de productivité, eux – mêmes dus aux ressources en capital technique et humain de chaque pays, et non à des transferts de valeur ». Samir Amin explique la théorie de l'échange inégal par les différences de productivité en soutenant « qu'il y a échange inégal lorsque l'écart de salaires est supérieur à celui des productivités ».

A propos de la thèse d'Emmanuel, Paul Samuelson (2002) parle de « reformulation tautologique de la constatation bien banale qu'il existe des différences de salaires entre le Nord et le Sud », et affirme que « sa thèse ne remet pas en question les gains de l'échange dus au commerce international ».

Arthur Lewis (1954) note que « la pauvreté des pays du Tiers Monde est liée à leur faible productivité, elle-même conséquence d'une moindre accumulation du capital, et non aux conditions de l'échange ».

J. Brasseul et C. Lavrard (2016), eux, reprennent l'idée que le sous-développement résulte de la faiblesse de salaires et de productivité.

Pour Samir Amin (1970, 1985 ), il faut faire une analyse à l'échelle mondiale pour comprendre et expliquer le sous – développement, car « la paupérisation est visible à l'échelle mondiale », dans la mesure où « les inégalités entre les nations s'accroissent du fait de l'expansion du capitalisme qui fait courir des dangers mortels aux peuples de la Périphérie, à travers la destruction de cultures non européennes, l'assimilation forcée, la déculturation massive, l'appauvrissement technologique et la famine chronique ». Pour lui, le capitalisme, introduit de l'extérieur dans la Périphérie, rend les pays dépendants, et leurs économies extraverties génèrent des exportations destinées au financement de la consommation de biens de luxe des pays du Centre, et les investissements étrangers dans la Périphérie tirent grandement profit du fait des salaires faibles et stagnants.

Avec la faiblesse de la demande interne, le caractère extraverti se renforce et l'échange inégal se perpétue dans les pays de la Périphérie dont les économies sont caractérisées par une pléthore de fonctionnaires, le déficit continu des finances publiques, l'endettement extérieur excessif et le développement d'industries légères (au lieu d'industries de biens de production ou de base).

Chez Samir Amin, « le sous-développement est l'envers du développement, par nature inégale du capitalisme ». Pour assurer le développement économique des pays de la Périphérie, il faut rompre avec le capitalisme mondial.

Pour les économistes adeptes du développement autocentré, Il faut donc réorienter le surplus économique vers la Périphérie pour en assurer le développement économique.

Mais, la thèse du développement autocentré reste fragile parce qu'elle n'est confirmée ni par des données statistiques ni par des études économétriques. Samir Amin se contente de faire des analyses en économie normative qui restent donc fragiles. De plus, toutes les tentatives d'expérimentations du développement autocentré ont échoué en Afrique (Guinée-Conakry, Algérie, Bénin, etc.).

Warren (1980) et Jonathan Schiffer (1981) brandissent « des données statistiques sur la croissance économique et la sensible amélioration des indicateurs sociaux », dans les pays émergents, qui contredisent totalement les thèses de Samir Amin et des autres théoriciens du développement autocentré. Il s'agit précisément :

— de l'expansion des industries de base et des biens de production ;

— du développement significatif des marchés intérieurs non limités aux seuls biens de luxe ;

— de la diversification des exportations nettement au – delà des produits primaires.

Les échecs économiques retentissants (forte baisse de la production, aggravation de la pauvreté, famine et corruption excessive) occasionnés par l'adoption, autrefois, du développement autocentré dans beaucoup de pays du Tiers Monde tels que la Guinée - Conakry, la Tanzanie, le Cambodge, l'Algérie, L'Ethiopie, Cuba, la Corée du Nord, le Bénin, Madagascar etc., témoignent de la fragilité des thèses défendues par Samir Amin.

Le développement régional autocentré, une variante du premier type, tourné vers l'intérieur, préconise la satisfaction des besoins intérieurs, tout en restant ouvert « aux exportations qui demeurent indispensables pour financer les importations incompressibles ». Pour y parvenir, il faut donc « une redistribution des revenus dans les pays en développement pour y relancer la demande effective portant sur des produits plus simples, requérant donc moins d'importations et fabriqués sur place ». Ceci aurait un impact positif sur la production, l'emploi et la balance commerciale.

Mais, les pays en développement ayant des économies de petite dimension, un regroupement en zones autonomes pour leur autonomie collective s'avère nécessaire, « pour une intensification de leurs échanges internes et une protection collective accrue ». Dans cette optique, André Grjebine (1980) distingue deux types d'échange : « le commerce stimulant et le commerce aliénant ». Le premier a lieu entre pays de niveau de développement semblable (avec des biens comparables), augmente les choix et la satisfaction des différents consommateurs. Ici, Lassudrie-Duchêne (1971) parle non pas d'avantages comparatifs, mais plutôt de « demande de différence » qui « n'aliène pas l'indépendance économique des pays, puisque chacun d'eux peut remplacer ses importations par une production nationale », selon Grjebine (1980) ; le second type d'échange, entre pays développés et pays sous-développés, parce qu'il aliène les pays moins avancés, n'est pas recommandable.

En conséquence, il faut intensifier l'échange Sud-Sud « pour développer le commerce stimulant et freiner le commerce aliénant ». Le paradoxe, c'est que les besoins d'importations de biens d'équipement de la plupart des pays en développement sont fortement incompressibles, ce qui, au regard de cette théorie, implique la nécessité d'exporter, mais aussi d'importer des biens d'équipement des pays avancés. Alors, comment les pays en développement peuvent-ils pratiquer le commerce stimulant sans s'aliéner ?

A l'inverse des thèses du développement autocentré, Alexander Gerschenkron insiste « sur l'importance des importations des technologies modernes, en provenance des pays développés, vers les pays sous-développés », pour y accélérer le processus d'industrialisation.

### *5.6.2. Les autres théories*

Le courant de pensée dit de la régulation qui tente de faire une synthèse entre Marx et Keynes, cherche à expliquer l'évolution de l'économie mondiale à partir des concepts de régulation monopolistique, de fordisme, de taylorisme, d'accumulation intensive, de dépossession : « de la régulation concurrentielle au XIX $^{ième}$ siècle, on est passé à la régulation monopolistique au XX $^{ième}$ siècle , avec des salaires et des transferts sociaux suivant la productivité et permettant la consommation de masse assurant des débouchés à la production. ». Mais, le taylorisme (l'organisation scientifique du travail) produit une accumulation intensive, c'est –à- dire des gains de productivité plus importants que dans le mode extensif et « qui s'accompagne d'une dépossession des capacités techniques et de l'autonomie ouvrière (avec les tâches répétitives, le travail parcellisé) ». A cet égard, Antonio Gramsci note que « le taylorisme développe les comportements automatiques et mécaniques du travailleur et brise ses attaches nobles réclamant intelligence, imagination et initiative » (J. Brasseul et C. Lavrard, 2016).

La combinaison donc des deux courants de pensée (marxiste et Keynésien) donne ce qu'on appelle le fordisme qui devient donc le fordisme périphérique quand il s'agit des pays du Tiers Monde.

Mais, selon J. Brasseul et C. Lavrard, (2016), « le fordisme entre en crise après 1973 avec la baisse de la productivité liée à l'appauvrissement des tâches, à la baisse du taux d'exploitation, donc du taux du profit, à la saturation des ménages en consommation de biens durables : seule une nouvelle organisation du travail plus flexible avec une main-d'œuvre plus qualifiée permettrait de sortir de la crise ».

Pour Lipietz (1985), l'industrialisation dans le Tiers Monde « prend d'abord la forme du fordisme primitif, avec une exploitation forcenée des travailleurs dans les pays comme les Philippines et la Thaïlande ou celle du fordisme périphérique, avec un capitalisme local qui devient une force significative et une classe moyenne croissante ayant accès à la consommation des biens durables comme en Corée du Sud, au Brésil, au Mexique etc. ».

Mais, la crise de l'endettement international dès le début des années 1980, l'application du monétarisme international depuis le Centre à partir des institutions de Breton Woods (FMI) et le protectionnisme dans certains pays ont contrarié fortement le courant régulationniste.

## IV. LES PRINCIPALES VARIABLES EXPLICATIVES DU DEVELOPPEMENT ECONOMIQUE

Depuis les économistes classiques jusqu'aux adeptes du développement endogène, en passant par les néoclassiques, les keynésiens et les monétaristes, la théorie économique a établi les variables explicatives de la croissance économique constituées des facteurs travail et capital et de variables telles que l'investissement, le progrès technique, la consommation, les dépenses publique, les exportations nettes, l'épargne, même si les effets de l'épargne ont été jugés neutres par certains économistes (Modigliani, 1986, Dornbusch et Alejandro Reynosso, 1989).

Or, l'existence ou la création de zones monétaires efficientes impactent positivement, entre autres, chacune de ces variables explicatives de la croissance économique (cf. chapitre deuxième suivant). La consolidation ou la création de zones monétaires efficientes devient un impératif dans le processus de développement économique de l'Afrique. Avant la réalisation de la zone monétaire et (donc) de la monnaie uniques (traité d'Abuja) pour toute l'Afrique, à très long terme, l'accent doit être mis sur l'accélération de la création de zones monétaires efficientes, le renforcement des zones existantes et la transformation des différents espaces économiques existants en unions monétaires efficientes ,dans le cadre de la mise en œuvre du Traité d'Abuja.

# CHAPITRE DEUXIEME :

# L'IMPACT DES ZONES MONETAIRES SUR LE DEVELOPPEMENT ECONNOMIQUE EN AFRIQUE

Ce chapitre démontre que l'existence des zones monétaires efficientes impacte positivement le processus de développement économique et fait ressortir les bonnes performances économiques des zones monétaires par comparaison avec celles des espaces économiques hors zones monétaires en Afrique.

## I. LA CORRELATION ENTRE ZMO ET CROISSANCE ECONOMIQUE

Ici, nous cherchons à savoir si la création ou l'existence des zones monétaires efficientes permettent d'accroitre les variables qui sont à l'origine de la croissance économique dans une économie donnée. Autrement dit, est-ce que la zone monétaire efficiente, en plus de ses externalités positives (avantages ou gains énumérés au chapitre premier de la première partie), contribue – elle à créer davantage de richesses dans les pays-membres, en agissant directement sur les variables explicatives de la croissance ?

Soit l'ensemble des richesses créées dans un pays ouvert sur l'extérieur, c'est-à-dire l'ensemble de valeurs ajoutées créées, mesurées par le PIB = Y ; alors, on a :

$$Y = C + I + G + X - M \qquad (21)$$

C = Consommation totale

I = investissement

G = Dépense Publique

X = Exportations

M = Importations

$X - M = \overline{X}$, Exportations nettes.

Toute augmentation de C, I, G et X – M provoque un accroissement de Y.

Or, nous avons vu que l'existence et/ou la création de zone monétaire :

— favorisent la consommation C grâce aux multiplicateurs keynésien et de crédit ;

— augmentent l'investissement I grâce à l'application de politique monétaire optimale communautaire (donc non répressive) et à la stabilité monétaire et des prix relatifs due à la fixité de parité du taux de change ;

— engendrent une plus forte croissance économique grâce à la politique monétaire optimale communautaire (variation adéquate de la masse monétaire) conduite par une banque centrale communautaire ;

— favorisent le progrès technique qui est endogène au système de production, mais engendre la croissance économique (cf. Romer, 1986, 1993, Barro, 1995,2000, 2008 et Lucas, 2000) ;

— conduisent à une politique fiscale et budgétaire optimale communautaires ayant un impact positif indéniable sur la croissance économique ;

— accroissent $X - M = \overline{X}$ (les exportations nettes) puisqu'elles intensifient l'intra – commerce et favorisent la diversification de la production ; Or, les effets positifs du commerce international sur la croissance économique ont été démontrés, depuis le début du développement de la théorie économique, à travers la théorie des débouchés de Adam Smith (1776 ) et des avantages comparatifs de Ricardo (1817), les théories dynamiques des avantages comparatifs telles que la théorie du cycle du produit de Vernon(1966) et l'approche des étapes successives des avantages comparatifs de Bela Balassa( 1989)). Pour ces auteurs, la dotation en facteurs de production se modifie sous l'effet du développement et de l'accumulation du capital de sorte que les spécialisations des pays évoluent, avec le temps, en fonction du niveau de développement et de technologie.

Le concept de croissance appauvrissante, introduit par J. Bhagwati (1958), est un cas particulier « de statique comparative, où le développement des exportations provoque la détérioration des termes de l'échange d'un pays et crée une situation défavorable ». Mais, il ne peut remettre en cause l'impact du commerce extérieur sur la croissance économique. Le doute, exprimé dans les années 1950, par Nurkse sur le commerce et le libre - échange comme facteurs de développement ne peut persister plus longtemps. L'idée de Myrdal selon laquelle « le commerce international ne conduit pas au développement », parce qu'il a des « effets retardataires (backsetting effects) et renforce la stagnation ou la régression », ne peut non plus être soutenue plus longtemps.

Des études économétriques confirment que « le commerce réciproque et l'ouverture de l'économie sur l'extérieur se renforcent entre les pays qui partagent une monnaie unique, grâce à la diminution des coûts de transaction et la stabilité des prix ». Glick et Rose (2001) soutiennent que « les pays qui rejoignent l'Union Européenne doublent leurs échanges quand Frankel et Wei (1988) confirment que l'adhésion à l'Union Européenne augmente les échanges de ses membres d'environ 60%.

Micco, Stein et Ordonez (2003) détectent un effet très significatif de l'union Européenne sur le commerce et l'économie de ses membres.

En conséquence, l'existence ou la création de zones monétaires contribuent au développement économique en l'Afrique. Mais, les performances économiques y sont-elles plus importantes dans les zones monétaires que dans les espaces économiques hors zones monétaires ? C'est l'objet de la seconde partie du chapitre. Des données statistiques publiées par l'Union Européenne et la Banque Mondiale indiquent que, de 2001 à 2015, les pays de la zone euro (c'est-à-dire les pays où l'Euro a effectivement cours légal) ont réalisé des taux de croissance économique plus élevés que les autres pays de l'Union Européenne.

## II. LES PERFORMANCES ECONOMIQUES ET L'ATTRAIT DES ZONES MONETAIRES EN AFRIQUE

A la suite du paragraphe précédent, il ne serait pas superflu de chercher à confirmer, pour les pays africains, l'avantage à être membres d'une zone monétaire, en comparant l'évolution des agrégats et indicateurs économiques dans les zones monétaires et les espaces économiques hors zones monétaires. A cette fin, nous relèverons et analyserons comparativement les données empiriques telles que la variation de la création de richesses, donc de valeurs ajoutées mesurées par le PIB, la variation de l'investissement, de l'épargne et du prix à la consommation dans les différentes zones monétaires et espaces économiques hors zones monétaires, à savoir :

— la zone CFA (UEMOA et CEMAC) et la CEDEAO (avant la création de l'Eco et sa transformation en zone monétaire);

— la zone du franc CFA et les espaces économiques hors zones monétaires (COMESA et SADC) ;

— la SADC et les pays de l'Union douanière de l'Afrique Australe ;

Nous prenons en compte les agrégats et indicateurs au sein et en dehors des zones monétaires existantes ou futures en Afrique, pour la simple raison que nous raisonnons ex-post, donc en termes de création de zones monétaires à critères endogènes, puisque, comme nous l'avons déjà indiqué, l'économie est dynamique, c'est-à-dire en perpétuelle évolution.

### 2.1. Les performances économiques en zones monétaires et hors zones en Afrique

Dans le tableau n° 4, sur la période 2004 - 2016, la croissance du PIB réel hors pétrole, de la zone CFA (UEMOA et CEMAC) est respectivement de 6,5%, 3,4%, 5,8%, 3,5%, 6,4%, 5,7%, 5,9%, 4,9%, 4,9% quand il est de 4,4%, 3,1%%, 5,4%, 4,9%, 6,3%, 7,3%, 6,8%, 3,8%, 3,6% dans l'espace économique CEDEAO. Globalement, les chiffres sont à l'avantage de la zone CFA, malgré les exceptions en 2011, 2013 et 2014.

En Afrique australe, le taux de croissance du PIB réel de la SADC (6,8%, 1,7%, 4,8%, 5%, 3,8%, 4,7%, 3,9%, 2,6%, 2,2%) est nettement plus élevé que celui de l'Union douanière de l'Afrique australe (avec 4,8%, -1,6%, 3,3%, 3,4%, 2,4%, 2,7%, 1,8%, 1,3%, 0,9% et 1,5%).

En matière d'investissement (cf. tableau n° 5), la zone CFA a réalisé un taux variant entre 21% et 26,8% par rapport au PIB, sur la même période 2000-2016, nettement plus élevé que le taux d'investissement de la CEDEAO se situant entre 16,2 % et 20,9 %. La SADC connait également un taux d'investissement (de 20,2% à 21,9%) au-dessus de celui de l'Union douanière de l'Afrique australe (de 19,1% à 21,4%).

En Afrique, l'inflation (tableau n° 6) a été mieux maitrisée dans la zone CFA qu'au sein de la CEDEAO et de la COMESA. En effet, la variation du prix à la consommation y a été faible se chiffrant 3,6%, 0,3%, 2,9%, 3,5%, 2,9%, 1,1%, 1,4%, 1,4%, 2%, 2% pendant qu'elle était entre 5,7% et 12,5 % avec un pic de 18,7% au sein de la COMESA et variait entre 4,8% et 6,7% dans la CEDEAO.

Sur la période 2004 – 2016, à l'exception de la période 2004 – 2009, le taux d'épargne nationale brute (tableau n° 7) est nettement plus élevé dans la zone CFA que dans la CEDEAO.

Sur la même période 2004 – 2016, il est également plus important dans la zone CFA que dans les autres espaces économiques COMESA et SADC (cf. tableau n° 7).

Les variations des données statistiques, sur la période 2000-20016, montrent que la zone monétaire CFA (CEMAC et l'UEMOA) en Afrique a réalisé de bien meilleures performances économiques que les espaces économiques hors zone monétaire.

En ce qui concerne le développement du commerce, la CNUCED relève que le commerce a connu une croissance plus rapide en Afrique que dans les pays développés au cours de la dernière décennie et que les exportations africaines ont progressé de 12 %, un taux supérieur à celui de la progression des exportations dans les pays développés qui est de 9,3 %. Mais, avec une part du commerce mondial qui passe de 3,2 % en 2010 à 4,2 % en 2015, le commerce africain demeure dérisoire à l'échelon international.

**Tableau n° 4 : taux de croissance du PIB (en %)**

| | 2004-2008 | 2009 | 2010 | 2011 | 2012 | 2013 | 2014 | 2015 | 2016 |
|---|---|---|---|---|---|---|---|---|---|
| Zone CFA | 6,5 | 3,4 | 5,8 | 3,5 | 6,4 | 5,7 | 5,9 | 4,9 | 4,9 |
| CEMAC | 9,8 | 4,4 | 7,3 | 6,3 | 6,0 | 5,7 | 5,1 | 2,9 | 3,2 |
| UEMOA | 3,6 | 2,6 | 4,6 | 1,0 | 6,7 | 5,8 | 6,6 | 6,5 | 6,2 |
| COMESA | 6,2 | 5,6 | 7,9 | 7,1 | 5,9 | 6,2 | 6,5 | 6,0 | 4,6 |
| CAE | 6,2 | 5,2 | 7,4 | 6,9 | 4,6 | 5,8 | 5;9 | 5,8 | 6,1 |
| CEDEAO | 4,4 | 3,1 | 5,4 | 4,9 | 6,3 | 7,8 | 6,8 | 3,8 | 3,6 |
| Union douanière d'Afrique Australe | 4,8 | 1,6 | 3,3 | 3,4 | 2,4 | 2,7 | 1,8 | 1,3 | 0,9 |
| SADC | 6,3 | 1,2 | 4,8 | 5,0 | 3,8 | 4,7 | 3,9 | 2,6 | 2,2 |

Source : FMI (perspectives économiques régionales, avril 2016)

**Tableau n° 5: taux d'investissement (en % du PIB)**

| | 2004-2008 | 2009 | 2010 | 2011 | 2012 | 2013 | 2014 | 2015 | 2016 |
|---|---|---|---|---|---|---|---|---|---|
| ZONE CFA | 21,0 | 25,5 | 26,2 | 24,4 | 25,0 | 26,8 | 27,2 | 26,6 | 26,7 |
| CEMAC | 23,0 | 32,8 | 30,8 | 29,8 | 29,1 | 30,3 | 32,1 | 31,3 | 31,1 |
| UEMOA | 19,1 | 19,1 | 22,2 | 19,6 | 21,4 | 23,7 | 23,1 | 22,7 | 23,2 |
| COMESA | 22,8 | 23,1 | 22,7 | 24,4 | 25,0 | 24,3 | 24,6 | 26,3 | 26,0 |
| CAE | 23,4 | 23,2 | 24,1 | 27,3 | 25,7 | 25,5 | 25,9 | 26,4 | 26,7 |
| CEDEAO | 17,8 | 20,9 | 18,7 | 17,7 | 17,5 | 17,1 | 17,6 | 16,6 | 16,2 |
| Union douanière d'Afrique Australe | 20,7 | 21,4 | 20,1 | 19,9 | 20,9 | 20,8 | 21,2 | 20,1 | 19,6 |
| SADC | 20,9 | 21,3 | 20,4 | 20,6 | 21,3 | 21,7 | 21,9 | 20,2 | 20,3 |

Source : FMI (perspectives économiques régionales, avril 2016)

**Tableau n° 6 : variation du prix à la consommation (en %)**

| | 2004-2008 | 2009 | 2010 | 2011 | 2012 | 2013 | 2014 | 2015 | 2016 |
|---|---|---|---|---|---|---|---|---|---|
| ZONE FRANC | 3,1 | 2,6 | 1,4 | 3,1 | 3,3 | 1,7 | 1,2 | 1,6 | 2,0 |
| CEMAC | 2,7 | 4,5 | 2,0 | 2,6 | 3,8 | 2,1 | 2,6 | 2,4 | 2,4 |
| UEMOA | 3,4 | 1,0 | 0,8 | 3,6 | 2,8 | 1,3 | | 1,0 | 1,7 |
| COMESA | 11,5 | 13,0 | 7,3 | 16,0 | 11,6 | 6,2 | 6,0 | 6,8 | 8,2 |
| CAE | 7,7 | 11,6 | 5,2 | 14,0 | 12,6 | 6,2 | 5,8 | 5,8 | 6,2 |
| CEDEAO | 10,2 | 10,4 | 11,1 | 9,6 | 10,3 | 7,6 | 7,3 | 8,2 | 9,2 |
| Union douanière d'Afrique Australe | 5,8 | 7,2 | 4,4 | 5,2 | 5,8 | 5,7 | 6,0 | 4,5 | 6,3 |
| SADC | 8,0 | 9,8 | 6,9 | 7,6 | 7,2 | 6,3 | 6,0 | 5,5 | 8,3 |

Source : FMI (perspectives économiques régionales, Avril 2016)

**Tableau n° 7 : taux d'épargne nationale brute (en % du PIB)**

| | 2004-2008 | 2009 | 2010 | 2011 | 2012 | 2013 | 2014 | 2015 | 2016 |
|---|---|---|---|---|---|---|---|---|---|
| ZONE FRANC | 20,4 | 17,8 | 20,5 | 22,1 | 20,7 | 20,6 | 21,0 | 18,3 | 18,8 |
| CEMAC | 27,7 | 20,3 | 24,6 | 27,2 | 26,6 | 24,8 | 25,7 | 20,4 | 20,3 |
| UEMOA | 13,8 | 15,6 | 16,9 | 17,5 | 15,3 | 16,9 | 16,9 | 16,7 | 17,6 |
| COMESA | 18,4 | 15,0 | 18,5 | 18,2 | 18,3 | 17,3 | 16,9 | 17,2 | 17,0 |
| CAE | 19,5 | 17,5 | 17,6 | 17,1 | 17,0 | 14,6 | 15,8 | 17,4 | 18,3 |
| CEDEAO | 25,8 | 23,6 | 20,0 | 18,3 | 18,1 | 17,6 | 15,6 | 12,8 | 12,4 |
| Union douanière d'Afrique Australe | 17,5 | 18,5 | 18,4 | 17,8 | 16,3 | 15,8 | 16,7 | 16,3 | 15,2 |
| SADC | 18,9 | 15,8 | 19,4 | 18,3 | 17,3 | 16,2 | 16,3 | 13,8 | 12,9 |

Source : FMI (perspectives économiques régionales, avril 2016)

Mais les exportations intra - africaines ont augmenté de 2,6% entre 2001 et 2006, et de 3,2 % entre 2007 et 2011 quand pour les mêmes périodes, les taux d'augmentation étaient de 9,4 % et 4, 2% pour les importations intra - africaines.

Toujours, selon la CNUCED, la valeur des échanges intra - africains est passée de 45,9 milliards de dollars en 1995 à 130,1 milliards de dollars en 2011 et a augmenté à un taux moyen de 8,2 % par an.

Des études empiriques dont celle de Fontagné (2005) ont montré que les échanges entre les Etats – membres de l'UEMOA pourraient tripler si les infrastructures économiques étaient considérablement améliorées, en particulier si les routes étaient bitumées.

Montinari et Fontagné (2011) soutiennent que la réduction de distances entre partenaires accroitrait le commerce intra – régional entre les pays africains de 17,3 % quand Longo et Sekkat (2004) indiquent que les échanges bilatéraux pourraient augmenter de 2 %, dans les mêmes conditions.

La CNUCED relève que le niveau de vie en Afrique augmenterait de 1,013 % avec l'élimination des obstacles tarifaires et la réduction des coûts de transport. Elle va plus loin pour dire que l'élimination des droits de douanes sur l'ensemble du continent africain et une réduction substantielle des coûts de transport auraient une incidence plus importante sur le niveau de vie des populations africaines que « les différentes simulations de la libéralisation des échanges entre l'Afrique et ses principaux partenaires commerciaux (UE, USA, Chine) ».

2.2. La résistance aux chocs

A partir de données statistiques (cf. tableau n° 8, ci-après), André Musungaie (2010) conclut que les unions monétaires africaines ont mieux résisté à la crise financière de 2008-2009 que les espaces économiques africains non membres de zone monétaire.

En Afrique de l'Ouest, l'UEMOA a connu un taux d'inflation nettement plus bas (8,78 % et 1,44 %) que la ZMAO (13,16 et 10,02 %) sur la période 2008-2009. La CEMAC a également bien contenu l'inflation dans une fourchette raisonnable de 6,42 % et 5, 05 % respectivement en 2008 et 2009.

L'UEMOA et la CEMAC de la Zone du franc CFA, ont mieux résisté à la tentation de hausse du taux d'inflation que la SADC, la CMA et l'EAC. Seule l'Union Arabe du Maghreb a su aussi résisté à une poussée inflationniste forte, mais à un taux de 3,07 % supérieur à celui de l'UEMOA (1,44 %) en 2009.

**Tableau n° 8 : taux d'inflation moyen par région pendant la crise financière internationale (%)**

| | REGIONS ECONOMIQUES | 2008 | 2009 |
|---|---|---|---|
| SADC | SADC (hors CMA) | 11,52 | 13,00 |
| | CMA | 11,33 | 7,89 |
| CEDEAO | UEMOA (zone CFA) | 8,78 | 1,44 |
| | ZMAO | 13,16 | 10,02 |
| CEMAC (zone CFA) | | 6,42 | 5,04 |
| EAC | | 14,11 | 11,96 |
| UAM (Union Arabe du Maghreb) | | 6,31 | 3,07 |

Source: IMF, data base,2010

On peut affirmer que les zones monétaires contribuent significativement à la croissance économique en Afrique ; la théorie économique y est confirmée par les données statistiques et des études économétriques.

# CONCLUSION GENERALE

Malgré les critiques - du reste fragiles - de certains économistes contre la formation de zones monétaires, les positions idéologiques ou politiques des non-initiés à la Science Economique, on peut affirmer, sans grand risque de se tromper, que la formation des zones monétaires efficientes est un processus d'intégration rationnel (cf. théorie de la zone monétaire efficiente) qui permet les transformations structurelles et environnementales propices aux activités économiques, en Afrique, en impactant positivement les variables explicatives de la croissance économique qui, elle-même, est à l'origine du développement. Ne pas reconnaitre ce fait est un déni de la réalité et de la rationalité économique. Or, par soucis d'objectivité et de rigueur scientifique, les économistes sont contraints au strict respect de la rationalité économique. Les profanes doivent admettre cette rationalité fondée, le plus souvent, sur des démonstrations mathématiques.

Evidemment, comme toute science, la Science Economique a ses limites qui - fort heureusement - sont repoussées chaque jour un peu plus loin, grâce à la recherche et à l'introduction de nouvelles techniques en économétrie et aux débats menés dans les magazines spécialisés en économie.

Pour l'instant, aucune théorie économique ne dénie véritablement l'impact de la zone monétaire sur l'économie de ses Etats - membres, malgré quelques objections, du reste fragiles et timides. Des études économétriques et les données empiriques le confirment plutôt. La théorie initiale qui l'a énoncé s'est enrichie depuis sa première formulation par Robert Mundell en 1961. Le champ des critères s'est étendu sans véritable remise en cause des premiers. En Afrique, certains critères ont été imparfaitement appliqués, d'autres n'ont pas été appliqués, d'autres encore ont fait l'objet d'obstructions idéologiques ou politiques de la part des Etats ou des hommes politiques pour des raisons non scientifiques. Tout ceci contribue à retarder l'Afrique dans sa marche vers le développement.

Les économistes africains doivent donc éviter les interprétations idéologiques ou politiques des préceptes économiques, pour ne pas brouiller davantage le débat économique déjà suffisamment complexe pour le tout petit nombre de spécialistes. La Science Economique, comme les autres sciences, n'a pas de frontière ; elle ne doit pas se nourrir d'idéologie.

L'histoire de l'humanité nous enseigne, entre autres, que trois découvertes importantes pour l'amorce du progrès social, le fer, l'écriture et la mathématique ont été faites en Afrique. Alors, comment comprendre que les Occidentaux aient pu faire meilleur usage de ces découvertes au point de dépasser leurs inventeurs africains, les coloniser et les reléguer en arrière – plan ?

Expliquer uniquement le sous - développement par la colonisation, c'est manquer d'objectivité et de rigueur scientifique. Les pays africains ne sont pas les seuls pays à avoir été colonisés. Les Etats-Unis d'Amérique - comme beaucoup d'autres pays - ont été colonisés par l'Angleterre, mais, après leur indépendance politique, ils ont rationnellement organisé leur économie, pour la dépasser et devenir la première puissance économique et politique du monde. Les pays de l'Amérique latine et de l'Asie du Sud - Est ont été autant colonisés. Mais, sans ressources du sous-sol ni de matières premières, les pays du Sud - Est asiatique se sont développés en espace de quarante ans environ. Ceux de l'Amérique Latine, à quelques exceptions près, sont en passe de devenir des pays émergents pour accéder, par la suite, au cercle des pays développés.

La colonisation, malgré ses méfaits, ne peut donc, à elle seule, expliquer le grand retard que l'Afrique accuse sur le chemin du développement économique. Les expérimentations de certaines théories économiques fragiles ou erronées, dans les pays africains, contribuent à ralentir leur développement en même temps qu'ils subissent les externalités négatives de l'ordre économique mondial soigneusement organisé depuis le Centre (comme le diraient Amir Amin et Arghiri Emmanuel). Mais, tous ces facteurs n'expliquent que partiellement la difficile progression de l'Afrique sur le chemin du développement économique depuis les indépendances politiques des années 1960.

Le manque de véritable démocratie, les gérontocraties ringardes depuis plusieurs décennies dans certains pays, les guerres civiles inexplicables, les rebellions, les antagonismes inutiles entre Etats, les batailles impitoyables, feutrées ou ouvertes de leadership, le gaspillage ( Mancur Olson, 1996) et le pillage des ressources économiques et financières (cf. agences de notation) , c'est -à - dire la mauvaise gouvernance économique devenue endémique, sont autant d'obstacles sur la voie du développent économique de l'Afrique qu'il faut lever. Et les moyens d'y parvenir existent :

— la transformation des espaces économiques en zones monétaires efficientes, la création ou la transformation d'unions monétaires en unions monétaires régionales, puis la transformation de celles - ci en une zone monétaire continentale, en plus de l'impact positif sur la croissance économique, contribuent à réduire la probabilité de survenance des guerres et rebellions, éliminent les antagonismes inter-Etats en rétrécissant le champ de bataille de leadership et réduisent quelque peu - dans le domaine de la gestion économique - les marges de manœuvre des mauvais gestionnaires africains;

— la rationalité économique permet d'élaborer et de mener des politiques économiques efficaces ; il suffit simplement de vouloir en faire bon usage.

L'Afrique des futures zones monétaires efficientes, puis de la future zone monétaire continentale (la ZMA), est à construire absolument - du moins - du point de vue de la rationalité économique, c'est-à-dire avec méthode et rigueur scientifiques, sans passion ni idéologie. L'Afrique doit entendre la voix des sachants pour l'élaboration et l'application saines de politiques économiques qui permettent de la sortir du sous-développement et de garantir un minimum de bien-être aux générations futures.

Depuis les indépendances politiques des années 1960, différents modèles et théories du développement économique ont été élaborés, suggérés et/ou appliqués en Afrique : développement autocentré, industrialisation par l'industrie industrialisante, développement par substitution d'importations, financement extérieur, ajustement structurel basé sur l'approche monétaire de la balance des paiements etc. Tous semblent avoir connu des limites et/ ou avoir donné des résultats mitigés.

La constitution de zones monétaires accroit l'impact des principaux facteurs déterminants de la croissance économique dans le processus du développement économique, produit des externalités positives et conduit, entre autres, à la bonne gouvernance économique, c'est-à-dire à l'utilisation optimale de la monnaie, de la fiscalité et des dépenses publiques ; elle demeure donc une piste exploitable et à exploiter rationnellement, d'autant plus que les expériences d'unions monétaires existantes, sans être pleinement efficientes, ont donné des résultats encourageants, malgré quelques faiblesses. Dans l'inévitable coopération monétaire avec l'Union Européenne, l'Asie et les Etats-Unis d'Amérique – mondialisation et rationalité économique obligent - les futures zones monétaires africaines et la ZMA devront arrimer leurs monnaies à l'euro et / ou au yen et / ou au dollar américain, par une parité fixe, tout en gérant elles – mêmes, leurs réserves extérieures sans implication ni de la banque centrale européenne ni des banques centrales Japonaise et américaine, en contrepartie, sans doute, de certains arrangements et concessions justes, dans un ensemble de mécanisme de coopération monétaire internationale équitable.

Dans un univers économique de plus en plus concurrentiel, grâce au développement rapide de la science et des nouvelles technologies de l'information, où les économies nationales s'intègrent davantage dans l'économie internationale fortement mondialisée dont aucun pays ne peut désormais se soustraire, pas même la Chine ni les Etats-Unis d'Amérique, l'Afrique doit , entre autres, organiser rationnellement son économie en zone monétaire efficiente pour en tirer le maximum de bénéfices économiques.

Abidjan, le 28 Août 2018

# ANNEXE

## L'EQUATION DE LA BONNE GOUVERNANCE ECONOMIQUE

Dans un espace économique ou une union monétaire, tout comme dans un pays, la bonne gouvernance économique ($B_g$) est fonction d'un ensemble de variables et de comportements économiques (Djelhi-Yahot, 2017) qui sont :

— Y, le produit intérieur brut (PIB) ;

— M, la masse monétaire ;

— T, le taux d'imposition sur le revenu ;

— G, les dépenses publiques ;

— $E_o$, le niveau d'emprunts obligataires ;

— $I_c$, l'indépendance des contrôleurs ;

— $F_x$, le financement extérieur ;

— $L_n$, le produit de la loterie nationale ;

— $E_d$, la compétence des contrôleurs de la dépense publique ;

— $B_a$, le degré de comportement bureaucratique des agents de l'Etat.

Avec Y = C + I + G, en économie fermée.

Soit

$$f(B_g) = f\,(Y, M, T, G, E_o, I_c, F_X, L_n, E_d, B_a) \qquad (1)$$

Si l'on fait l'hypothèse que les contrôleurs de la dépense publique sont indépendants, bien formés et n'ont pas de comportement bureaucratique, alors l'équation (1) devient

$$f(B_g) = f(\,Y, M, T, G, E_o, F_x, L_n\,) \qquad (2)$$

Mais, si l'on considère que $E_o$, $F_x$, $L_n$ sont intégrés dans les dépenses publiques (G) et font l'objet de contrôle rigoureux, donc de gestion optimale, alors on peut dire que

$$f(B_g) = f(Y, M, T, G) \qquad (3)$$

Ainsi la bonne gouvernance économique est fonction du produit intérieur brut (PIB), de la masse monétaire (M), du prélèvement fiscal (T) et de la dépense publique (G) :

$$f(B_g) = f(Y, M, T, G) \qquad (4)$$

Dans notre système d'économie ouverte,

$$Y = C + I + G + X - M \qquad (5)$$

Avec C = Consommation

I = Investissement

G = Dépenses publiques

X = Exportations

M = Importations

Si nous posons que les exportations nettes sont égales à

$$X - M = \overline{X}$$

Alors l'équation (4) devient

$$f(B_g) = f(Y, M, T, G, \overline{X}).$$

Or, les exportations nettes ($\overline{X}$) sont taxées, et l'effet de taxation est pris en compte dans le taux de prélèvement optimal (T) ; alors

$$f(B_g) = f(Y, M, T, G) \qquad (6)$$

Même dans l'hypothèse d'une balance commerciale déficitaire du pays, c'est-à-dire

$$X - M < 0$$

où les conditions de dévaluation seraient réunies, ce qui veut dire qu'en plus du fait que les exportations nettes sont négatives ( $X - M < 0$), la monnaie du pays est surévaluée (parce que l'indice du taux de change effectif réel est supérieur à 100) et le théorème des élasticités critiques (ou condition de Marshall - Lerner) est vérifié, la décision de dévaluer la monnaie pour corriger le déficit commercial, relève de la politique monétaire et serait prise en compte dans la détermination optimale de la masse monétaire M. Dans ces conditions, l'équation (6) reste la même :

$$f(Y, M, T, G) \qquad (7)$$

En se référant à l'équation (6) où Y est mesuré par le PIB, la somme des valeurs ajoutées créées, on s'aperçoit que même si l'Etat contribue à sa création, le PIB est principalement le fait des ménages et des entreprises, donc du secteur privé. Dans une économie, l'Etat a pour rôle de créer les conditions (environnement économique et juridique) propices aux activités de production. Par ses politiques économiques (monétaire, fiscale et de dépenses publiques) et la définition de l'environnement économique, l'Etat régule la création de richesses (PIB) dans une économie ; mais, il ne gère pas directement la majeure partie du PIB, parce que créé principalement par le secteur privé. Il n'utilise que la composante G du revenu Y (PIB) dans sa politique budgétaire, déjà prise en compte dans l'équation. De la même façon, la politique monétaire consistant en l'usage de M, intègre systématiquement l'aspect gouvernance monétaire dans l'équation.

Or, la gouvernance, c'est la manière dont l'Etat collecte et fait usage des ressources financières publiques à des fins de développement économique. Y est déjà pris en compte, en partie au niveau de G, une de ses composantes, et en partie, au niveau de M répondant aux besoins de financement exprimés dans l'économie (en termes de consommation et d'investissement). M, T et G sont les seules variables sur lesquelles l'Etat peut agir directement. En définitive, l'équation de la bonne gouvernance économique se présente sous la formule suivante :

$$f(b) = f(M, T, G) \qquad (8)$$

La bonne gouvernance économique est, en réalité, un des principaux critères auquel s'ajoutent les autres critères que l'on peut qualifier de plus ou moins secondaires. Elle impacte, beaucoup plus significativement, le développement de l'économie aussi bien dans un pays que dans une zone monétaire. En effet, se situant à un niveau optimal, elle ne peut que conduire à la réalisation de performances économiques optimales qui, à leur tour, occasionneront des bénéfices nets optimaux.

Que l'on raisonne ex-post (en termes d'endogénéité) ou ex-ante, ces critères sont pris en compte pour la réalisation d'une zone monétaire véritablement optimale, du moins telle que nous l'entendons ici, le caractère optimal s'appréciant strictement par le niveau de maximisation des bénéfices nets procurés à l'ensemble des Etats - membres de l'union et non par le seul et simple fait de l'intégration dans une union monétaire.

L'équation de la bonne gouvernance peut être représentée graphiquement, à partir de la combinaison des courbes de Laffer et de Barro et du diagramme qui permet l'équilibre sur le marché de la monnaie (cf. Graphique ci-dessous), équilibre qui s'apparente alors au point d'optimalité. On obtient ainsi le diagramme de la bonne gouvernance économique. On peut expliquer la détermination graphique ci-dessous, comme suit : la détermination et l'application d'un taux d'imposition optimal t * permettent de collecter un revenu fiscal optimal R* (figure n°1) et engendrent un taux de croissance économique g* (figure 2) selon Barro. Ce taux de croissance, à son tour, permet d'acquérir une production totale optimale Y* qui se situe elle-même au niveau où l'offre globale (Og) et la demande globale (Dg) des biens se rencontrent au point d'équilibre C. Ce point C est en même temps l'optimum et correspond au point d'équilibre D de l'offre globale (Og) et de la demande globale (Dg), déterminé par les courbes IS-LM (figure n°4). A la production optimale Y* répond une demande de monnaie appropriée, donc optimale Md* avec laquelle l'offre de monnaie Ms s'équilibre au point E où elle rencontre la demande de monnaie(Md), au taux d'intérêt optimal r* (figure n°5) préalablement déterminé par les courbes IS-LM.

Graphique n° 1

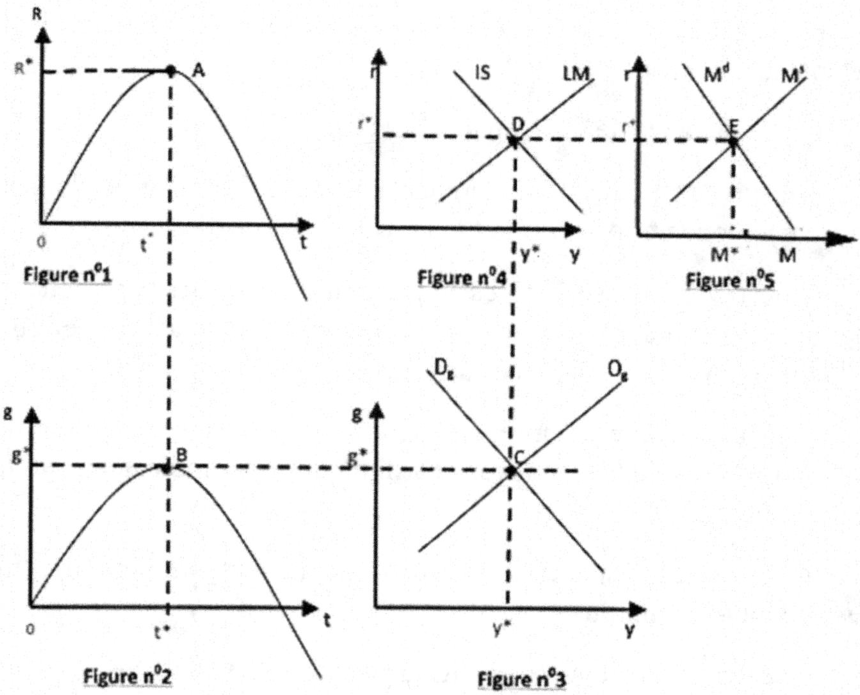

## L'IDH

L'indicateur de développement humain (IDH) est composé de trois éléments qui sont :

— l'espérance de vie (esp. de vie) ;

— le niveau d'éducation qui prend en compte le taux de scolarisation avec une pondération de 1/3 et le niveau d'alphabétisation pour 2/3

— le revenu moyen qui est représenté par le PIB par habitant en termes de parité du pouvoir d'achat (PPA), corrigé des effets de distorsion liés aux différences de revenu.

L'IDH est compris entre 0 et 1, et plus il tend vers 1, plus il est favorable. Il est égal à la moyenne arithmétique des indicateurs des trois éléments.

Indicateur de l'esp. de vie = (esp. de vie du pays – minimum) / (max. esp.de vie - minimum)

Indicateur du revenu est corrigé à partir du PIB / hab des pays riches en tenant compte du fait que l'utilité marginale d'un revenu additionnel est beaucoup plus faible dans les pays pauvres. On lisse donc les revenus des pays riches en utilisant les logarithmes des PIB /hab. en utilisant les valeurs maximum et minimum

# ACCORD PORTANT CRÉATION DE LA ZONE DE LIBRE-ÉCHANGE CONTINENTALE AFRICAINE

**1**

## ACCORD PORTANT CRÉATION DE LA ZONE DE LIBRE-ÉCHANGE CONTINENTALE AFRICAINE

### PRÉAMBULE

Nous, États membres de l'Union Africaine,

DÉSIREUX de mettre en œuvre la décision (Assembly/AU/Dec.394(XVIII) de

LA CONFERENCE des chefs d'État et de gouvernement, adoptée au cours de sa Dix-huitième session ordinaire tenue les 29 et 30 janvier 2012 à Addis-Abeba (Éthiopie), relative au cadre, à la Feuille de route et à l'Architecture concernant l'accélération de la création rapide de la Zone de libre-échange continentale africaine et au Plan d'action pour la stimulation du commerce intra-africain ;

CONSCIENTS du lancement des négociations en vue de la création d'une Zone de libre-échange continentale visant à intégrer les marchés africains,

CONFORMEMENT aux objectifs et principes énoncés dans le Traité d'Abuja lors de la vingt-cinquième session ordinaire de la Conférence des chefs d'État et de gouvernement de l'Union africaine tenue à Johannesburg (Afrique du Sud) les 14 et 15 juin 2015 [Assembly/AU/Dec. 569(XXV)] ;

DETERMINES à renforcer nos relations économiques en nous appuyant sur nos droits et obligations respectifs en vertu de l'Acte constitutif de l'Union Africaine de 2000, du Traité d'Abuja et, le cas échéant, de l'Accord de Marrakech de 1994 portant création de l'Organisation mondiale du commerce ;

TENANT COMPTE des aspirations énoncées dans l'Agenda 2063 visant à créer un marché continental avec la libre circulation des personnes, des capitaux, des marchandises et des services, qui sont essentiels pour le renforcement de l'intégration économique, la promotion du développement agricole, la sécurité alimentaire, l'industrialisation et la transformation structurelle économique ;

CONSCIENTS de la nécessité de créer un marché élargi et sécurisé pour les marchandises et les services des États parties grâce à une infrastructure adéquate et à la réduction ou à l'élimination progressive des barrières tarifaires et à l'élimination des barrières non tarifaires au commerce et à l'investissement ;

Conscients également de la nécessité d'établir des règles claires, transparentes, prévisibles et mutuellement avantageuses pour régir le commerce des marchandises et des services, la politique de concurrence, l'investissement et la propriété intellectuelle entre les États parties, en résolvant les problèmes posés par les régimes commerciaux multiples et qui se chevauchent afin d'assurer la cohérence des politiques, notamment dans les relations avec les parties tierces ;

**2**

RECONNAISSANT l'importance de la sécurité internationale, de la démocratie, des droits de l'homme, de l'État de droit et de l'égalité de genres pour le développement du commerce international et de la coopération économique ;

RÉAFFIRMANT le droit des États parties de règlementer sur leur territoire les flexibilités dont ils disposent pour poursuivre des objectifs légitimes de politique publique, y compris dans les domaines de la santé publique, de la sécurité, de l'environnement, de la moralité publique, ainsi que de la promotion et la protection de la diversité culturelle ;

RÉAFFIRMANT EN OUTRE nos droits et obligations réciproques existants, en vertu d'autres accords auxquels nous sommes parties ; et

RECONNAISSANT que les Zones de libre-échange des Communautés économiques régionales (CER), servent de piliers, à la création de la Zone de libre-échange continentale africaine (ZLECA) ;

SOMMES CONVENUS DE CE QUI SUIT :

PREMIÈRE PARTIE

DÉFINITIONS

Article 1er

Définitions

Aux fins du présent Accord, l'on entend par :

(a) « Traité d'Abuja », le Traité instituant de la Communauté Economique Africaine de 1991 ;

(b) « Accord », l'Accord portant création de la Zone de libre-échange continentale africaine, ainsi que ses Protocoles, Annexes et Appendices, qui en font partie intégrante ;

(c) « Annexe », un instrument joint à un Protocole et faisant partie intégrante du présent Accord ;

(d) « Appendice », un instrument joint à une Annexe et faisant partie intégrante du présent Accord ;

(e) « Conférence », la Conférence des Chefs d'État et de Gouvernement de l'Union africaine ;

(f) « UA » ou « Union », l'Union africaine ;
(g) « ZLECA », la Zone de libre-échange continentale africaine ;
(h) « Commission », la Commission de l'Union africaine ;
**3**
(i) « Acte constitutif », l'Acte constitutif de l'Union africaine de 2000 ;
(j) « Union douanière continentale », l'Union douanière au niveau continental à travers l'adoption d'un tarif extérieur commun tel que prévu par le Traité instituant la Communauté économique africaine de 1991 ;
(k) Conseil des ministres**,** le Conseil des ministres africains des Etats parties en charge du commerce
(l) « Organe de règlement des différends **(ORD)»,** l'organe établi pour régir les dispositions du Protocole sur les Règles et procédures relatives au règlement des différends, sauf si autrement défini dans le présent Accord;
(m) « Conseil exécutif »**,** le Conseil exécutif des ministres des Affaires étrangères de l'Union africaine ;
(n) « AGCS », l'Accord général sur le commerce des services de 1994 de l'OMC ;
(o) « GATT **»,** l'Accord général sur les tarifs douaniers et le commerce de 1994 de l'OMC ;
(p) « **Instrument** », le Protocole, l'Annexe ou l'Appendice, sauf dispositions contraires du présent Accord ;
(q) « États membres », les États membres de l'Union africaine ;
(r) « Barrières non-tarifaires », obstacles qui entravent le commerce par des mécanismes autres que l'imposition de tarifs douaniers ;
(s) **«** Protocole **»,** un instrument au présent Accord et faisant partie intégrante de l'Accord ;
(t) « CER », les Communautés économiques régionales reconnues par l'Union africaine, à savoir l'Union du Maghreb arabe (UMA), le Marché commun de l'Afrique orientale et australe (COMESA), la Communauté des États sahélo-sahéliens (CEN-SAD), la Communauté d'Afrique de l'Est (CAE), la Communauté économique des États de l'Afrique centrale (CEEAC), la Communauté économique des États de l'Afrique de l'Ouest (CEDEAO),l'Autorité intergouvernementale pour le développement (IGAD), et la Communauté de développement de l'Afrique australe (SADC) ;
(u) « Secrétariat », le Secrétariat institué par le présent Accord ;

**4**

(v) « État partie », un État membre qui a ratifié le présent Accord ou y a adhéré et à l'égard duquel le traité est en vigueur ;

(w) « **Partie tierce** » un État(s) qui n'est (sont) pas partie(s) au présent Accord, sauf dispositions contraires du présent Accord; et

(x) « OMC », l'Organisation mondiale du commerce telle qu'établie aux termes de l'Accord de Marrakech établissant l'Organisation mondiale du Commerce.

DEUXIÈME PARTIE

CRÉATION, OBJECTIFS, PRINCIPES ET CHAMP D'APPLICATION

Article 2

Création de la Zone de libre-échange continentale africaine

Il est créé une Zone de libre-échange continentale africaine, ci-après dénommée « ZLECA ».

Article 3

Objectifs généraux

Dans ses objectifs généraux, la ZLECA vise à :

(a) créer un marché unique pour les marchandises et les services facilité par la circulation des personnes afin d'approfondir l'intégration économique du continent africain et conformément à la vision panafricaine d'une « Afrique intégrée, prospère et pacifique » telle qu'énoncée dans l'Agenda 2063 ;

(b) créer un marché libéralisé pour les marchandises et services à travers des cycles successifs de négociations **;**

(c) contribuer à la circulation des capitaux et des personnes physiques et faciliter les investissements en s'appuyant sur les initiatives et les développements dans les États parties et les CER ;

(d) poser les bases de la création d'une union douanière continentale à un stade ultérieur;

(e) promouvoir et réaliser le développement socio-économique inclusif et durable, l'égalité de genres et la transformation structurelle des États parties ;

(f) renforcer la compétitivité des économies des États parties aux niveaux continental et mondial ;

**5**

(g) promouvoir le développement industriel à travers la diversification et le développement des chaînes de valeurs

régionales, le développement de l'agriculture et la sécurité alimentaire ; et
(h) résoudre les défis de l'appartenance à une multitude d'organisations qui se chevauchent, et accélérer les processus d'intégration régionale et continentale.
Article 4
Objectifs spécifiques
Aux fins de la réalisation des objectifs énoncés à l'article 3, les États parties :
(a) éliminent progressivement les barrières tarifaires et non-tarifaires au commerce des marchandises ;
(b) libéralisent progressivement le commerce des services ;
(c) coopèrent en matière d'investissement, de droits de propriété intellectuelle et de politique de concurrence ;
(d) coopèrent dans tous les domaines liés au commerce;
(e) coopèrent dans le domaine douanier et dans la mise en œuvre des mesures de facilitation des échanges ;
(f) établissent un mécanisme de règlement des différends '''concernant leurs droits et obligations ; et
(g) établissent et maintiennent un cadre institutionnel de mise en œuvre et de gestion de la ZLECA
Article 5
Principes
La ZLECA est régie par les principes suivants :
(a) action conduite par les États membres de l'Union africaine ;
(b) les Zones de libre-échange (ZLE) des CER comme piliers de la ZLECA ;
(c) géométrie variable ;
(d) flexibilité et traitement spécial et différencié ;
(e) transparence et diffusion de l'information ;
(f) préservation des acquis ;
(g) traitement de la nation la plus favorisée (NPF) ;
**6**
(h) traitement national ;
(i) réciprocité ;
(j) libéralisation substantielle ;
(k) consensus dans la prise de décision ; et
(l) prise en compte des meilleures pratiques au sein des CER et dans le cadre des conventions internationales applicables à l'Union Africaine.

Article 6

Champ d'application

Le présent Accord régit le commerce des marchandises, le commerce des services, les investissements, les droits de propriété intellectuelle et politique de concurrence.

Article 7

Clause de rendez-vous

1. Dans la poursuite des objectifs du présent Accord, les États membres engagent la phase II des négociations dans les domaines ci-après :

(a) les droits de propriété intellectuelle ;

(b) l'investissement ; et

(c) la politique de concurrence.

2. Les négociations visées à l'alinéa 1 du présent article commencent après l'adoption du présent Accord par la Conférence, et se déroulent en cycles successifs.

Article 8

Statut des protocoles, annexes et appendices

1. Les Protocoles sur le commerce des marchandises, le commerce des services, les investissements, les droits de propriété intellectuelle, la politique de concurrence et les règles et procédures relatives au règlement des différends ainsi que les Annexes et Appendices y relatifs font, dès leur adoption, partie intégrante du présent Accord.

2. Les Protocoles sur le commerce des marchandises, le commerce des services, les investissements, les droits de propriété intellectuelle, la politique de concurrence et les règles et procédures relatives au règlement des différends ainsi que les Annexes et Appendices y

**7**

afférents, forment un engagement unique, sous réserve de leur entrée en vigueur.

3. Les instruments supplémentaires, jugés nécessaires dans le cadre de la poursuite des objectifs du présent Accord sont conclus et font, dès leur adoption, partie intégrante du présent Accord.

TROISIÈME PARTIE
ADMINISTRATION ET ORGANISATION
Article 9
Cadre institutionnel de mise en œuvre de la ZLECA
Le cadre institutionnel pour la mise en œuvre, l'administration, la facilitation, le suivi et l'évaluation de la ZLECA comprend les organes suivants :
(a) la Conférence ;
(b) le Conseil des ministres;
(c) le Comité des hauts fonctionnaires du commerce ; et
(d) le Secrétariat.
Article 10
La Conférence
1. La Conférence, en tant qu'organe suprême de prise de décision de l'UA, exerce un contrôle et donne des orientations stratégiques sur le fonctionnement de la ZLECA, y compris le Plan d'action pour stimuler le commerce intra-africain (BIAT).
2. La Conférence a autorité exclusive pour adopter les interprétations du présent Accord sur recommandation du Conseil des ministres.
L'adoption d'une interprétation est faite par consensus.
Article 11
Composition et fonctions du Conseil des ministres
1. Il est créé un Conseil des ministres composé des ministres africains en charge du commerce, ou d'autres ministres, autorités ou fonctionnaires dûment désignés par les États parties.
2. Le Conseil des ministres rend compte à la Conférence par
L'intermédiaire du Conseil exécutif.
8
3. Le Conseil des ministres, dans le cadre de son mandat :
(a) prend des décisions conformément au présent Accord ;
(b) assure et veille à la mise en œuvre effective de l'Accord ;
(c) prend les mesures nécessaires pour la promotion des objectifs du présent Accord et d'autres instruments y afférents ;
(d) travaille en collaboration avec les organes et institutions
compétents de l'UA ;
(e) encourage l'harmonisation des politiques, stratégies et mesures appropriées pour la mise en oeuvre effective du présent l'Accord ;
(f) institue des comités, groupes de travail ou groupes d'experts ad hoc ou permanents et leur délègue des responsabilités ;
(g) élabore son propre Règlement intérieur ainsi que celui de ses

organes subsidiaires créés pour faciliter la mise en oeuvre de la ZLECA, et les soumet au Conseil exécutif pour approbation ;

(h) supervise les travaux de tous les comités et groupes de travail qu'elle peut créer en application du présent Accord ;

(i) examine les rapports et activités du Secrétariat et prend les mesures appropriées;

(j) élabore les règlements, émet des directives et fait des recommandations conformément aux dispositions du présent Accord ;

(k) examine et propose, pour adoption par la Conférence, le statut du personnel et le règlement financier du Secrétariat ;

(l) examine et soumet pour adoption par la Conférence, par l'intermédiaire du Conseil exécutif, la structure organisationnelle du Secrétariat;

(m) approuve les programmes de travail de la ZLECA et de ses organes

(n) examine les budgets de la ZLECA et de ses organes et les soumet à la conférence par l'intermédiaire du Conseil Exécutif ;

(o) formule des recommandations à la Conférence pour l'adoption de l'interprétation faisant autorité ; et

(p) exerce toute autre fonction conformément au présent Accord ou toute autre fonction qui pourrait lui être confiée par la Conférence.

9

4. Le Conseil des ministres se réunit au moins deux fois par an en session ordinaire et, en tant que de besoin, en sessions extraordinaires.

5. Les décisions prises par le Conseil des ministres, dans l'exercice de son mandat, sont contraignantes pour les États parties. Les décisions ayant une incidence juridique, structurelle ou financière sont, dès leur adoption par la Conférence, contraignantes pour les Etats parties.

6. Les États parties prennent les mesures nécessaires en vue de mettre en œuvre les décisions du Conseil des ministres.

Article 12

Comité des hauts fonctionnaires du commerce

1. Le Comité des Hauts fonctionnaires du commerce est composé de secrétaires généraux ou directeurs généraux, ou de tout autre fonctionnaire désigné par chaque État partie.

2. Le Comité des Hauts fonctionnaires du commerce :

(a) met en œuvre les décisions du Conseil des ministres;

(b) est responsable du développement des programmes et plans d'actions pour la mise en œuvre de l'Accord;

(c) assure le suivi, examine en permanence et s'assure du bon fonctionnement et du développement de la ZLECA, conformément aux dispositions du présent Accord;

(d) crée des comités ou d'autres groupes de travail, en tant que besoin ;

(e) supervise la mise en œuvre des dispositions du présent Accord et à cette fin, peut demander à un Comité technique d'étudier toute question particulière ;

(f) instruit le Secrétariat de la ZLECA de mener des missions Spécifiques; et

(g) assume toutes autres fonctions conformément au présent Accord ou qui peuvent être requises par le Conseil des ministres.

3. Sous réserve de toutes directives émanant du Conseil des ministres, le Comité des Hauts fonctionnaires du commerce se réunit au moins deux fois par an et fonctionne conformément au règlement intérieur, tel qu'adopté par le Conseil des ministres.

10

4. Le Comité soumet au Conseil des ministres, à l'issue de chacune de ses réunions, un rapport pouvant contenir des recommandations.

5. Les CER sont représentées au sein du Comité des Hauts fonctionnaires du commerce à titre consultatif.

Article 13

Le Secrétariat

1. La Conférence crée le Secrétariat décide de sa nature, sa localisation et approuve sa structure ainsi que son budget.

2. La Commission est le Secrétariat provisoire, jusqu'à ce que celui-ci devienne pleinement opérationnel.

3. Le Secrétariat est un organe institutionnel du système de l'Union africaine ayant une autonomie fonctionnelle et doté d'une personnalité juridique indépendante ;

4. Le Secrétariat est autonome vis-à-vis de la Commission de l'Union Africaine ;

5. Les fonds du Secrétariat proviennent du budget annuel global de l'Union Africaine;

6. Les pouvoirs et les fonctions du Secrétariat sont déterminés par le Conseil des ministres du Commerce.

Article 14

Prise de décisions

1. Les décisions des organes de la ZLECA sur les questions de fond sont prises par consensus.

2. Nonobstant les dispositions de l'alinéa 1, le Comité des hauts fonctionnaires du commerce renvoie pour examen, par le Conseil des ministres, les questions sur lesquelles il n'a pu parvenir à un consensus. Le Conseil des ministres renvoie les questions à la Conférence en cas d'absence de consensus.

3. Les décisions sur les questions de procédure sont prises à la majorité simple des États parties ayant le droit de vote.

*1 La Conférence, le Conseil des ministres et le Comité des Hauts fonctionnaires du commerce.*

11

4. Les décisions visant à déterminer si une question est de procédure ou non sont également prises à la majorité simple des États parties ayant le droit de vote.

5. L'abstention d'un État partie habilité à voter n'empêche pas l'adoption des décisions.

Article 15

Dérogation

1. Dans des circonstances exceptionnelles, le Conseil des ministres peut accorder une dérogation à un État partie au présent Accord, à la demande d'un État partie, à condition qu'une telle décision soit prise à la majorité des trois-quarts des États parties, en l'absence de consensus.

2. Une demande de dérogation émanant d'un État partie concernant le présent Accord est soumise à l'examen du Conseil des ministres, en vertu de la pratique relative à la prise de décision par consensus.

Le Conseil des ministres fixe un délai, qui ne doit pas dépasser quatre-vingt-dix (90) jours, pour examiner la demande. Si le consensus n'est pas obtenu dans ce délai, la décision d'accorder une dérogation est prise à la majorité des trois-quarts des États parties.

3. Une décision du Conseil des ministres accordant une dérogation précise les circonstances exceptionnelles justifiant cette décision, les conditions et modalités régissant l'application de ladite dérogation et la date à laquelle cette dérogation prend fin. Toute dérogation accordée pour une période de plus d'un an doit être réexaminée par le Conseil des ministres, un (1) an au plus tard après son octroi, et ensuite annuellement jusqu'à la fin de la dérogation. Lors de chaque examen,

le Conseil des ministres vérifie si les circonstances exceptionnelles justifiant la dérogation existent toujours et, si les conditions et modalités de la dérogation ont été respectées. Sur la base de l'examen annuel, le Conseil des ministres peut prolonger, modifier ou mettre fin à la dérogation.

*2 Une décision visant à accorder une dérogation à toute obligation soumise à une période de transition ou à une période de mise en œuvre échelonnée des obligations découlant de*

*l'Accord, de ses Protocoles et de ses Annexes, dont l'État partie requérant ne s'est pas acquitté à la fin de la période pertinente, ne peut être prise que par consensus.*

12

QUATRIÈME PARTIE

TRANSPARENCE

Article 16

Publication

1. Chaque État partie publie dans les moindres délais ou met à la disposition du public, par des moyens accessibles3, ses lois,

règlements, procédures et décisions administratives d'application générale ainsi que tout autre engagement pris en vertu d'un accord international portant sur toute question relative

le présent Accord.

2. Les dispositions du présent Accord n'exigent d'aucun État partie la divulgation d'informations confidentielles qui entraveraient l'application de la loi ou qui seraient contraires à l'intérêt public ou porteraient préjudice aux intérêts commerciaux légitimes d'entreprises publique ou privées.

Article 17

**Notification**

1. Les lois, règlements, procédures et décisions administratives

d'application générale ainsi que tout autre engagement contracté dans le cadre d'un accord international portant sur toute question commerciale visée par le présent Accord, adopté après son entrée en vigueur, sont notifiées par les États parties dans l'une des langues de travail de l'UA à d'autres États parties à travers le Secrétariat.

2. Chaque État partie notifie aux autres États parties, par l'intermédiaire du Secrétariat, conformément au présent Accord, les mesures effectives ou envisagées qu'il considère comme pouvant affecter matériellement la mise en œuvre du présent Accord ou pouvant affecter de manière substantielle les intérêts de tout autre État partie.

3. À la demande d'un autre État partie, un État partie fournit dans les moindres délais des renseignements, et répond aux questions concernant une mesure prise ou envisagée, indépendamment du fait que l'autre État partie ait reçu ou non notification préalable de ladite mesure.

4. Toute notification ou tout renseignement fourni en vertu du présent article est sans préjudice de la conformité de la mesure avec le présent Accord.

*3 Par exemple, à travers le Journal officiel, les lettres d'information, les procès-verbaux ou sites Internet dans une des langues de l'Union africaine.*

13

CINQUIÈME PARTIE

PRÉFÉRENCES CONTINENTALES

Article 18

Préférences continentales

1. Après l'entrée en vigueur du présent Accord, les États parties s'accordent, sur la base de la réciprocité, des préférences qui ne sont pas moins favorables que celles accordées aux tierces parties dans le cadre de la mise en œuvre du présent Accord.

2. Un État partie donne aux autres États parties la possibilité de négocier des préférences accordées à des tiers avant l'entrée en vigueur du présent Accord et ces préférences se fondent sur la réciprocité. Au cas où un État partie s'intéresse aux préférences dans le présent alinéa, l'État partie donne aux autres États parties la possibilité de négocier sur une base de la réciprocité, en tenant compte des niveaux de développement.

3. Le présent Accord n'annule, ne modifie ni n'abroge les droits et obligations découlant d'accords commerciaux préexistants que les États parties ont conclus avec des tierces parties.

Article 19 : Conflit et incompatibilité avec d'autres accords régionaux

1. En cas de conflit et d''incompatibilité entre le présent Accord et tout autre accord régional, le présent Accord prévaut dans la mesure de l'incompatibilité spécifique, sauf dispositions contraires du présent article.

2. Nonobstant les dispositions de l'alinéa 1 du présent article, les États parties qui sont membres d'autres communautés économiques régionales, d'autres accords commerciaux régionaux et d'autres unions douanières, et qui ont atteint entre eux des niveaux d'intégration

régionale plus élevés que ceux prévus par le présent Accord, maintiennent ces niveaux entre eux.

14

SIXIÈME PARTIE

RÈGLEMENT DES DIFFÉRENDS

Article 20

Règlement des différends

1. Il est institué par le présent Accord un mécanisme de règlement des différends qui s'applique au règlement des différends entre les États-parties.

2. Le mécanisme de règlement des différends s'applique conformément au Protocole sur les règles et procédures relatives au règlement des différends.

3. Le Protocole sur les règles et procédures relatives au règlement des différends établit entre autres un Organe de règlement des différends.

SEPTIÈME PARTIE

DISPOSITIONS FINALES

Article 21

Exceptions

Aucune disposition du présent Accord ne doit être interprétée comme dérogeant aux principes et valeurs contenus dans d'autres instruments pertinents pour la création et la pérennité de la ZLECA, sauf dispositions contraires des Protocoles au présent Accord.

Article 22

Adoption, signature, ratification et adhésion

1. Le présent Accord est adopté par la Conférence.

2. Le présent Accord est ouvert pour signature et ratification ou adhésion, aux États membres de l'UA, conformément à leurs législations nationales respectives.

Article 23

Entrée en vigueur

1. Le présent Accord et les Protocoles sur le commerce des

marchandises, le commerce des services, les règles et procédures relatives au règlement des différends entrent en vigueur trente (30) jours après le dépôt du vingt-deuxième (22ème) instrument de ratification.

15

2. Les Protocoles sur les investissements, les droits de propriété

intellectuelle, la politique de concurrence et à tout autre instrument jugé nécessaire dans le cadre du présent Accord, entrent en vigueur trente

(30) jours après le dépôt du vingt-deuxième (22ème) instrument de ratification.

3. Pour tout État membre adhérant au présent Accord, les Protocoles sur le commerce des marchandises, le commerce des services et les règles et procédures relatives au règlement des différends entrent en vigueur pour ledit État partie à la date du dépôt de son instrument d'adhésion.

4. Pour les États membre adhérant au présent Accord, les Protocoles sur les droits de propriété intellectuelle, les investissements, la politique et tout autre instrument jugé nécessaire dans le cadre de cet Accord, entrent en vigueur à la date du dépôt de leur instrument d'adhésion.

5. Le dépositaire informe tous les États membres de l'entrée en vigueur du présent Accord et annexes.

Article 24

Dépositaire

1. Le Dépositaire du présent Accord est le président de la Commission.

2. Le présent Accord est déposé auprès du Dépositaire, qui transmet une copie certifiée conforme à chaque État membre.

3. Un État partie dépose l'instrument de ratification ou d'adhésion auprès du dépositaire.

4. Le dépositaire notifie les États membres du dépôt de l'instrument de ratification ou d'adhésion.

Article 25

Réserves

Aucune réserve n'est admise au présent Accord.

Article 26

Enregistrement et notification

1. Dès l'entrée en vigueur du présent Accord, le dépositaire l'enregistre

auprès du Secrétaire général de l'Organisation des Nations Unies, conformément à l'article 102 de la Charte des Nations Unies.

16

2. Les États parties, selon le cas, notifient individuellement ou collectivement l'Accord à l'OMC.

Article 27

Retrait

1. Après un délai de cinq (5) ans à compter de la date d'entrée en vigueur à son égard, un État partie peut se retirer du présent Accord en adressant une notification écrite aux États parties par le biais du dépositaire.

2. Le retrait est effectif deux (2) ans suivant la réception de la notification par le dépositaire, ou à une date ultérieure qui peut être spécifiée dans la notification.

3. Le retrait n'affecte pas les droits et obligations en cours de l'État partie avant le retrait.

Article 28

Révision

1. Le présent Accord peut faire l'objet de révision tous les cinq (5) ans après son entrée en vigueur, par les États parties, en vue d'assurer son effectivité, d'assurer une intégration plus poussée, et de l'adapter aux enjeux nouveaux du développement régional et international.

2. Suivant le processus de la révision, les États parties peuvent faire des recommandations d'amendement, conformément à l'article 29 du présent Accord, prenant en considération l'expérience acquise et les progrès réalisés au cours de la mise en œuvre du présent Accord.

Article 29

Amendements

1. Tout État partie peut soumettre au Dépositaire, une ou plusieurs propositions d'amendement au présent Accord.

2. Le Dépositaire transmet les propositions d'amendement aux États parties et au Secrétariat dans un délai de trente (30) jours à compter du jour de leur réception.

3. Tout État partie qui souhaite commenter sur les propositions

d'amendement peut le faire dans un délai de soixante (60) jours à compter de la date de transmission et soumet ses commentaires au Dépositaire.

17

4. Le Secrétariat transmet les propositions et commentaires reçus aux membres des Comités et Sous-comités appropriés de la ZLECA pour examen lors de leurs prochaines réunions.

5. Les Comités et Sous-comités compétents présenteront, à travers le Secrétariat, leurs recommandations au Conseil des ministres pour examen, à la suite desquelles une recommandation peut être faite à la Conférence par l'intermédiaire du Conseil exécutif.

6. Les amendements à l'Accord sont adoptés par consensus par la Conférence.

7. Les amendements au présent Accord entrent en vigueur conformément à l'article 23 du présent Accord.

Article 30

Textes originaux

Le présent Accord est établi en quatre (4) exemplaires originaux en langues anglaise, arabe, française et portugaise, tous les textes faisant également

**Appendix Table B1. Countries in the Sample and Average *Institutional Investor* Ratings 1979–2002**

| *Country* | *Average Institutional Investor Rating* | *Country* | *Average Institutional Investor Rating* |
|---|---|---|---|
| | *Club A: Institutional Investor ratings 67.7 and above* | | |
| United States | 92.8 | Finland | 77.2 |
| Japan | 92.5 | Denmark | 76.9 |
| Canada | 86.0 | Italy | 76.4 |
| Norway | 84.3 | Spain | 73.8 |
| Singapore | 79.9 | Ireland | 71.4 |
| Sweden | 79.7 | New Zealand | 70.7 |
| Australia | 77.3 | Hong Kong | 68.0 |
| | *Club B: 67.7 < Institutional Investor ratings < 24.1* | | |
| Malaysia | 63.5 | Turkey | 34.9 |
| South Korea | 63.4 | Philippines | 34.7 |
| Portugal | 63.3 | Argentina | 34.7 |
| Saudi Arabia | 62.8 | Morocco | 34.6 |
| Thailand | 55.7 | Jordan | 34.0 |
| Greece | 54.5 | Egypt | 33.7 |
| Czech Republic | 54.5 | Paraguay | 32.7 |
| Hungary | 50.5 | Panama | 32.5 |
| Chile | 47.5 | Poland | 32.2 |
| India | 46.5 | Romania | 31.4 |
| South Africa | 46.8 | Kenya | 29.2 |
| Indonesia | 46.0 | Costa Rica | 28.3 |
| Mexico | 45.8 | Sri Lanka | 28.2 |
| Colombia | 44.6 | Ecuador | 27.7 |
| Israel | 42.8 | Nigeria | 26.0 |
| Venezuela | 41.5 | Peru | 25.9 |
| Algeria | 39.2 | Pakistan | 25.7 |
| Ghana | 37.6 | Swaziland | 25.4 |
| Brazil | 37.4 | Zimbabwe | 24.9 |
| Uruguay | 37.1 | Nepal | 24.5 |
| Papua New Guinea | 35.5 | | |
| | *Club C: Institutional Investor ratings 24.1 and below* | | |
| Dominican Republic | 22.7 | | |
| Jamaica | 21.5 | | |
| Bolivia | 19.0 | | |
| El Salvador | 18.0 | | |
| Mali | 16.6 | | |
| Tanzania | 14.7 | | |
| Ethiopia | 11.5 | | |

Source: *Institutional Investor*, various issues.

# BIBLIOGRAPHIE

ACEMOGLU, D. JOHNSON S. and ROBINSON J., 2005, “Institutions as the fonda- mental cause of the long run growth

ACEMOGLU, Daron, 2008, « An introduction to modern Economic Growth », *Princeton University Press».*

AETON and GEROVITCH, 1981, Debt with potential repudiation, in *Review of Economic Studies,*

AGENOR, P- R., and MONTIEL, P. J., 1996, Development Macroeconomics,

ALAGIDEDE, P .l, 2008, « Nominal exchange rates and price convergence, in the West African Monetary Zone”, International Journal of Business and Economics

ALESSINA, A., BARRO, R., and TENREYERO, S., 2002 “Optimal currency areas, NBER Working paper.

ALOGOSKOUFIS, G. S. and SMITH, R., 1991, The Phillips curve, the persistence of Inflation and the Lucas critique: evidence from Exchange Rate Regime in *American Economic Review, 81 p1254-1275*

ALOGOSKOUFIS, G. S., 1992, Monetary accommodation, Exchange Rate Regimes and Inflation persistance in, *Économic Journal*

AMIN, S., 1970, L’accumulation à l’échelle mondiale

ARTIS, M.J. and CURRIE, D.A., 1981, Monetary Targets and the Exchange Rate: A case for conditional targets, Oxford.

ASDRUBALI, P. SORENSEN, B. and YOSHA, O, 1996, “Channels of interstate Risk-sharing 1963-1990 in *Quarterly Journal of Economics*

BALASSA, B., 1989, Comparative advantage trade policy and economic development.

BALASSA, B., 1965, Trade in liberalization and revealed comparative advantage in Manchester *Scholl, vol.33*

BARRO, R., and Gordon, D., 1983, Rules, discretion and reputation in a model of Monetary policy in *Journal of monetary Economics" 12, p10.*

BARRO, R., and SALA – I – MARTIN, X., Economic Growth, New York

BAUDIN, T., and STELLER, R., 2005, Rural Exodus and fertility at the time of Industrialization.

BAYOUMI, T. and EICHENGREEN, B. 1994, One money or many? Analyzing the Prospects for monetary Unification, in *NBER Working paper.*

BENASSY – QUERE, A., et COOPER, M.,, 2005, On the adequacy of exchange rate arrangements in Sub-Saharan Africa in *The World Economy, vol. 28.*

BEN – PORATH, Y., 1969, ", the production of human capital over time in Journal of Political Economy 75.

BECKER, G., 1964, Human capital: A theoretical and empirical Analysis with special Reference to education

BERGER, H. , JENSEN, H., and SCHJELDERUP, G., 2001, To peg or not to peg? A Simple model of exchange rate regime choice in small economies in *Economic Letter, vol.73*

BERNANKE, Ben, 1995, The macroeconomics of the Great Depression: A comparative approach in *Journal of Money, credit and Banking 27, p1-28.*

BERNANKE, Ben, 2013, Monetary policy and the global economy, *board of the FED.*

BETSEY Stevenson, and HOLFERS, Justin, 2008, Economic Growth and Subjective Well-being: reassessing the Aesterlin Paradox.

BERGER, H., JENSEN,, H.et SCHIELDERUP, G., 2001, To peg or not to peg? A simple Model of exchange rate regime choice in smakll countries, in *Economic Letter, vol73, pp161-167*

BHAGWATI, J., 1958, " Immiserizing growth: A geometrical note in *Review of Economic Studies.*

BHAGWATI, J., 1998, Yes to free trade, maybe to capital control in *Wall Street Journal.*

BLANCHARD, O., and KATZ,, 1992, Regional evolutions, in *Brooking Paper*

BLANCHARD, O., and WOLFERS, J., 2000, "The role of shocks and institutions in the rise of European unemployment; the aggregate evidence in The Economic Journal, 110 p1-33

BLANCHARD, O. 2017, Currency wars, coordination, and capital control in *International Journal of central banking, vol111.*

BORDO, Michael and SCHENK, Catherine, 2016, Monetary cooperation and coordination: an historical perspective on the importance of rules in *paper at Stanford University.*

BORDO, Micheal, 1984, "the gold Standard: The traditional approach. In a retrospective on the classical gold standard", 1821-1931 in *University of Chicago Press*

BORDO, Micheal, 1993, The Breton Woods international monetary system: A historical overview: In a retrospective on the Breton Woods system: lessons for International monetary reform in *University of Chicago Press.*

BORDO, Michael and SCHENK, Catherine, 2016, Monetary Policy Cooperation and Coordination: An Historical Prospective on the Importance of rules in *Paper for conference at Stanford University.*

BOUGHTON, J., 1989 Tearing down walls: the International Monetary Fund, 1990-1999 in *IMF Staff Paper*

BRAMOULLE, G., et AUGEY, D., 1998, Economie monétaire, Dalloz.

BRANSON, W. H., 1981, Exchange rate policy for developing countries, Grassman And lundberg edit..

BRASSEUL, J., et LAVRARD, C., 2016, Economie du développement, Arman Colin

BRUNO, M., and SACHS, J. 1985, Economics of Worldwide Stagflation in *Harvard University Press.*

BRUNO, V. and SHIN, H.S., 2012, "Capital flaws the risk-sharing channel of monetary Policy, BIS annual meeting.

BRUTON, H., 1998, A reconstruction of import substitution in *Journal of Economic Literature.*

BRUTON, H., 1985, The search for a Development Economics in *World Development.*

BUCHANAN, J. and TULLOCK, G., 1972, The theory of public choice in *University of Michigan Press.*

BUITER, W, 2008, Economic, political, and institutional prerequisites for monetary Union among members of the Gulf Cooperation Council, in *Open Economic Review", 19, p579-612.*

BUITER, W., S. K. and VALEV, N., T., 2005, "Is the proposed East African Monetary Union an optimal currency area in *World Development.*

BUITER, H. W. 1998, "A reconsideration of import substitution in *Journal of Economic Literature*

BUITER, H. W., 2000, "Optimal currency area: why does the exchange rate matter? In *Scottish Journal of Political Economy*

BUITER, H.W., CORSETTI, G., PESENTI, P., 1995, A Center – Periphery Model of Monetary coordination and exchange rate crises in CERP Discussion.

BUTI, M. and SUARDY, M., 2000, Cyclical convergence or differentiation? The European Union: An agnostic evaluation in CEPR discussion paper

CALMFORS, Lars and DRIFFILL, John, 1998, Bargaining Structure, Corporatism and Macroeconomic Performance in *Economic Policy, vol3, PP13-61*

CALMFORS,L., 2001," Unemployment, Labor Market Reform, and Monetary Union in *Journal of Labor Economics.*

CALVO, G., and REINHART, C., 2002, Fear of floating, in *the Quarterly Journal of Economics, 117, pp379-408.*

CALVO, G. and REINHART, C., 1993, Capital inflows and the real exchange rate appreciation in Latin America in IMF Staff Paper

CESARANO, F., 2006, "The origins of the theory of optimum currency Areas in *History of Political Economy, p711-731.*

CHAINEAU, André, 1987, Qu'est-ce que la monnaie, éditions Economica

CLARK, G., and SMITH, B., 2012, Malthus, Wages, and preindustrial Growth in *The Journal of Economic history. Vol.78.*

CLARK, G.,1999, the Sun also rises: Surnames and the history of social mobility in *Princeton University Press.*

CLINE, W., 1982, Can Asian model of development be generalized? In *World Development.*

CLINE, William, 1984, International Debt: Systematic Risk and Policy Response in *Cambridge, Mass, MIT Press*

COLLINS, S. 1996, On becoming more flexible; exchange régime in Latin America and Caribbean in *Journal of Development Economics*

COLMANT, B., 2008, Présentation fiscale et économique du système belge, quelle Fiscalité pour le capital à risque ?

COOPER, R., 1977, Worldwide versus regional integration: The optimum size of the integrated area, in *Chicago University Press.*

COOPER, R., 1987, The International Monetary System: Essay in the World Economics in *MIT Press*

COOPER, R., 1977, Woldwide versus regional integration.: the optimum size of the Integrated area

CORSETTI, G., 1992, "A portfolio approach to endogenous growth Aeton's Model in Revisited" Paper 679

CORSETTI, G, and PESENTI, Paolo, 2002, Welfare and macroeconomic interdependence in *Quarterly Journal of Economics*

CORSETTI, Giancarlo, and PESENTI, Paolo, 2005, "International dimension of optimal Monetary policy, *Journal of monetary economics, vol. 52, p281-305*

*CORDEN, W. M. 1977, Inflation, Exchange Rate and the World* Economy, Oxford

University Press.

CORDEN, W.M., 1983, Logic of the International Monetary system

CORDEN, W. M., 1985, on monetary transmission and coordination under flexible Exchange Rate.

DELLAS, H, 2005, "Mixed exchange rate systems, in *Journal of International Money and Finance" 24, p243-245.*

DELLAS, H., TAVLAS, G. S., 2005, Wage and monetary union, in *Economic Journal*

DE GRAUWE, P., 2007, The Economics of monetary union in *Oxford University Press.*

DE GRAUWE, P. et MONGELLI, F., 2004, « Endogeneities of optimum currency areas.

DE GRAUWE, P., 1989, International Money Postwar trends and theories in *Charenton Press, Oxford.*

DE LA CROIX, D., et BAUDIN, thomas, 2015, La croissance économique

DJELHI-YAHOT, S. A, 2017, Gouvernance en Afrique: la théorie générale de la gouvernance économique, éditions l'Harmattan, Paris.

DJELHI – YAHOT, S. A., 2001, La crise de liquidité dans l'économie ivoirienne des années 1980-1990.

DOLLAR, David and Art Kray, 2002 « Growth is good for the poor», *Journal of Economic Growth, vol.7, n° 3, p.195-225*

DORNBUSCH, oR., 1976," Expectations and exchange rate dynamics in *Journal of Political Economy", p1161-1176.*

DORNBUSCH, Rudiger and Frankel, J., 1988, "The flexible Exchange Rate Systèm: Experience and Alternative", International Finance and Trade in *MC Millan Press.*

EASTERLIN, Richard, 1974, Does economic growth improve human lot?

EASTERLY, W., 2001, The elusive quest for growth, Economists' adventures and misadventures in the tropics *in MIT Press*

EBOUE, C, 1990, " les effets macroéconomiques du dualisme financier: les enseignements du model in *L'entreprenariat en Afrique francophone, p27-41*

EBOUE, Etienne, 2007, The CFA Arrangements. More than just an aid substitute in IMF Working paper.

EDISON, H. and KAMINSKY, G., 1991, "Target Zones, Intervention, and Exchange Rate Volatility: France 1979-1990., FED board of governors.

EDISON, H. MILLER, M.,and WILLIAMSON, J., 1987, On evaluating and extending the Target zone Proposal, *Journal of Policy Modeling,9, p199-224*

AETON, J. and GERSOVITCH, M., 1981, Debt with potential repudiation in *Review of Economic Studies, vol.48.*

EDWARDS, S., 1983," Exchange Rates and News: A Multi-Currency Approach, in *Journal of International Money and Finance, 3, p211-224*

EDWARDS, S. 1989, "Real Exchange Rates, Devaluation and adjustment: Exchange Rate Policy in *developing countries, MIT Press*

EICHENGREEN, B., 2002, International Monetary Arrangements for the 21 st Century, Brookings, Washington., D.C.

EICHENGREEN, B., 2000, Taming capital flows in, *World Development*

EMMANUEL, A., 1969, L'échange inégal, Maspero.

ENGEL, C., and ROGERS, J. H., 1996, how wide is the border? In *American Economic Review*

ENGERMAN, S., and SOKOLOFF, 2002, Factor Endowments, Inequality, and Path Of development among New World Economy in NBER Working paper.,

FELDSTEIN, M, 1986, "A new evidence on the effects of exchange rate interventions in NBER Working Paper 2025

FERGUSON, N., and SCHURALICK, M, 2012, "The thin film of Gold: Monetary rules and policy credibility in *European Review of Economic History.*

FISHER, Irving, 1911, the purchasing Power of money, Macmillan Company

FLOOD, R. P., 1981, Explanations of Exchange Rate volatility and other empirical Regularities in some Popular Models of the Foreign Exchange Market.

FLOOD, R., P., 1991, Microstructure Theory and the Foreign Exchange Market in *FED Bank of St Louis Review.*

FLOOD, R. P., 1995, Fixing Exchange Rates: A virtual quest for fundamentals in *Journal of Monetary Economics, 36*

FLORO, S.M. and RAY, D., 1997, "Vertical links between formal and informal financial Institutions in *Review of Development Economics*

FLOUZAT, Denise, 1974, Economie contemporaine, Tome II, PUF

FONTAGNE, et FREUDENBERG, 1999, Marché unique et développement des échanges.

FONTAGNE, L., and FREUDENBERG, M., 1999, '' Endogenous symmetry of shocks In a monetary union in *Open Economy Review*

FRANK, A, G, 1969, Le développement du sous-développement en Amérique Latine, Editions Maspero.

FRANKEL, A. and ROSE, A.K., 1995, "A survey of empirical Research on nominal Exchange rates in *The handbook of International Economics.*

FRANKEL, J. and ROSE, A., 2002, "An estimate of the effect of currency unions on trade and income in *Quarterly Journal of Economics, p437-466.*

FRANKEL, J., and ROSE, A., 1997, The endogeneity of the effect of currency areas Criteria in *Economic Journal, p1009-1025.*

FRANKEL, J., STEIN, E., and WEI, S., 2003, Trading blocs and the Americas: the natural, the unnatural, and the super-natural in *Journal of Development Economics*

FRATIANNI, M. and WAKEMAN, L.M., 1982, The law of one price in the eurocurrency Market, in *Journal of International Money and Finance*

FRATIANNI, M., VON HAGEN, J., and WALLER, C., 1997, "Central banking, as a Political principal - agent problem in *Economic Inquiry, vol35*

FRATIANNI, M., VON HAGEM, J., and SOLOMON, R., 1997, "Monetary and fiscal Policy in European Union: some public choice considerations "

FRIEDMAN, M., 1956, The quantity theory of money, a restatement in *University of Chicago Press.*

FRIEDMAN, M., 1953, The case for flexible exchange rates, Milton Edition

FRIEDMAN, M., 1958, The supply of money and changes in price end ouput,

FRIEDMAN, M., 1968, Dollars and deficits

FRIEDMAN, M., 1969, Roundtable on exchange rate policy in *American Economic Review.*

*FRIEDRICH, L. S., 2013,* Optimum Currency Area.

FURTADO, Celso, 1970, Théorie du Développement économique, PUF.

GALBRAITH, John K., 1980, The theory of mass poverty

GALI, Jordi, and TOMMASO, Monacelli, 2000 "Optimal Monetary Policy and exchange rate volatility in a small open economy in Boston College.

GALI, Jordi, and TOMMASO, Monacelli, 2003, "Monetary policy and exchange rate volatility in a small open economy *in Review of Economic Studies,72.*

*GALOR, O., 2005, The demographic transition and the* emergence of sustained economic growth in *Journal of the European Economic Association.*

GALOR, O., 2002, Natural selection and the origin of economic growth.

GANELI, Giovanni, 2005, The new open economy macroeconomics of government debt in *Journal of International Economics, 65, p167-184.*

GANDOLFO, G., 1986, International Monetary theory and Open Economy Macroeconomics

GEORGESCU – ROAGEN, Nicholas, 1971, The entropy law and the economic process

GERSCHENKRON, Alexander, 1962, Economic Backwardness in historical perspective

GIAVAZZI, F. and GIOVANNINI, L. 1989, Limiting Exchange Rate flexibility: The European Monetary System, MIT Press

GIERSCH, H., 1973, on the desirable degree of flexibility in exchange rates in Weltwirtschafliches Archiv 109.

GIOVAZZI, F., and SPAVENTA, L, 1990, the new European Monetary System

GHIRONI, Fabio, 1999, Toward New Open Economy Macro econometrics, Federal Reserve Bank of New York.

GHIRONI, Fabio, 2003, Macroeconomic interdependence under incomplete markets in *Journal of International Economics, 76, p428-450*

GIRTON, L., and ROPER, D., 1981, "Theory and implication of currency substitution in *Journal of Money, credit and banking, vol.13, p12-30.*

GLICK, R., and ROSE, K. A, 2002, Currency union, and trade: A post-EMU-reassessment,

GOLDBERG, L.S., and TILLE, C., 2005, "Vehicle currency use in international trade in NBER Working paper

GOODHART, E. Charles, 1998, "The two concepts of money: implication for the analysis of optimum currency area in *European Journal of ¨Political Economy*

GRAHAM, Frank, D., 1945, Exchange, Price, and production in hyperinflation:

GRJEBINE, A., 1980, La nouvelle économie internationale, F.

GRUBEL, H. G., 1968, The Internationally diversified portfolios in *American Economic Review.*

GRUBEL, Herbert G., 1970, "The theory of optimum currency areas", Canadian Journal of Economics

HALLWOOD, Paul. C and MACDONARLD, Ronald, 2000, International money and Finance, Blackwell Publishing.

HALM, George, 1945, International Monetary cooperation.

HANSEN, G., and PRESCOTT, 2002, Malthus to Solow.

HARBERGER, A. C., 2005, "On the process of growth and economic policy in developing Countries, USAID.

HARBERGER, A. C., 2005, On the process of growth and economic policy in developing Countries, USAID.

HARPAGES, D., et LATOUCHE, S., Le temps de la décroissance, édit. Thierry Mongnier

HILLMAN, A. L., 2003, Public Finance and Public Policy, in *Cambridge University Press.*

HIRSCHMAN, 1964, La stratégie du développement économique, les Edit. Ouvrières.

HAUSMANN, R., and KIINGER, B., Structural transformation and Patterns of Comparative advantage in the product space *in CID Working Paper.*

HANSEN, G. and PRESCOTT, E., 2002, Malthus to Solow in *American Economic Review*

HELLER, H., R., 1976, International Reserves and worldwide nflation in *IMF Staff Paper*

HIRSCHMAN, Albert, 1957," Economic Policy in underdeveloped countries, ".

HIRSCHMAN, Albert, 2003, Public Finance and Public Policy, in *Cambridge University Press.*

HONKAPOHJA, S. and PIKARAINEN, P., 1992, "Country characteristics and choice of Exchange rate Regime," CERP Discussion Paper.

HOUSSA, R., 2008, "Monetary union in West Africa and asymmetric shocks in *Journal of development Economics*

HUGHES, Hallett, 1987, "Macroeconomic interdependence and the coordination of Economic Policy, Macmillan.

HUGHES, H. A. and RUMMEL. O., 2000, "Is the European Union a natural currency Area or is it held together by policy makers?

HUTCHISON, M. and WALSH, C., 1998, " the output –inflation tradeoff and central bank reform: evidence form New Zeland" The Economic Journal,108,pp703-725.

ISHIYAMA, Y., 1975, On the desirable degree of flexibility in exchange rates", p191-213.

JAFFRE, Philippe, 1996, Monnaie et Politique monétaire

JOHNSON, Harry.G. The case for flexible exchange rates in *FED of St. Louis Review 51, p12-24.*

KALDOR, Nicolas, 1961, "Capital Accumulation and Economic Growth.

KALDOR, Nicolas, 1970, the new monetarism, Lloyds Bank Review

KAPUR, Muneesh and MOHAN, Rakesh, 2014, "Monetary Policy Coordination and the Role of Central Banks, IMF Working paper.

KENEN, .P. 1969, Theory of optimum currency areas.

KENEN, P. B., 2008, Currency unions and policy domains

KENDLEBERGER, C., 1996, World Economic Primary 1500-1990.

KENDLEBERGER, C., 1986, International public goods without international govenment in *The American Economic Review.*

KINDLEBERGER, Charles, 1986, "International public goods without international Government, in *The American Economic Review*

KEOHANE, R., 1984, After Hegemony: Cooperation and Discord in the World Political Economy in *Princeton University Press.*

KIRKPATRIK, Colin, 1987, Trade policy and industrialization in less-developed countries, Grammell.

KIRSCHEN, E., 1975, Le seigneuriage américain

KISHOR, N. Kundan, and Ssozi, John, "Is the East African Community an optimal Currency area? In *MPRA Paper 17645,* University Library of Munich.

KOLMAN, Robert, 2002, Monetary policy rules in the open economy: effects on welfare and business cycles in *Journal of monetary Economics, 49,p989-1015.*

KONDRATIEV, N., 1935," The long waves in economic life in *The Review of Economics and Statistics, vol.17, P105-115.*

KRUEGER, Anne, 1987," Debt, capital flows, and LDC's growth, in *American Economic Review", vol.17 pp159-164*

KRUGMAN, P., 1991," Target zones and exchange rate dynamic in *Quarterly Journal of Economics*

KRUGMAN, P., 1991, Geography and Trade, in *Cambridge MIT Press.*

KRUGMAN, P., 1993, Six skeptical propositions about the EMU.

KUZNETS, S, 1955; Economic Growth and income inequality, in *American Economic Journal*

KUZNETS, S. 1966, Modern economic growth, Yale University Press 77,

KYDLAND, E.,and PRESCOTT, E., 1977, Rules rather than discretion: The

Inconsistency of optimal plans", Journal of political Economy.

LE PAGE, J. M., 1991, Economie monétaire, édit. Cujas.

LASSUDRIE – DUCHENE, 1971, " La demande de différence et l'échange international in *Cahiers de l'ISEA.*

LASSUDRIE – DUCHENE, 1971, Théorie du cycle des produits de Vernon. »

LATOUCHE, S., 1986, Faut – il refuser le développement ? PUF

LERNER, A., Discussion on international policy and the search for economic stability By Ragwar Nurkse in *American Economic Review 37, p590-594.*

LIPSCHITZ, L, 1979, Exchange rate policy for a small developing country, and the selection of an appropriate standard in *IMF staff papers.*

LONGO, R., and SEKKAT, K., 2004, Economic obstacles to expanding intra-african Trade in *World Development, 32.*

LUCAS, R., 2000, Some macroeconomics for the 21 st century in *Journal of Economic Perspectives, 41.*

LUCAS, R." Interest rate and currency prices in a two-country world, *Journal of monetary Economics, 10.*

Malthus, T. 1798, An Essay on the Principle of Population.

MANASSE, P., ROUBINI, N., and SCHIMMELPFENNIG, A. 2003, Predicting sovereign debt crises in *IMF Working Paper*

MASSON, P. and PATILLO, C., 2005, "The monetary Geography of Africa in *Brooking Institution Press.*

MEADE, J. E., 1951, The Balance of payments in *Oxford University Press.*

MEADE, J., 1955, The case for flexible exchange rate in *three banks Review, vol.27.*

McCALLUM, J., 1995, national borders matter: Cana-US regional trade patterns.

MacDonald, R., and MARSH, I. W., 1997, Currency Spillovers and tripolarity: a simultaneous Model of the US dollar, German mark, and Japanese yen. Inn CERP Discussion Paper.

MacDONALD, R. and MARSH, I. W., 1999, Exchange rates modellin in *Kluwer Academic Press*

McKINNON, 1936, Optimum currency Areas, in *American Economic Review, p717-725.*

McKINNON, R., 1969; "Discussion on the currency area problem in *University of Chicago Press.*

McKINNON, R., and THAN, K-Y, 1983, Currency Substitution and instability in the World dollar standard in *American Economic Review.*

McKINNON, R, 1984, An international standard for monetary stabilization, Washington, D.C., Institute for International Economics.

MEESE, R. and ROGOFF, K., 1984, Empirical exchange rate model of the seventies do they fit out of sample? in *Journal of International Economics.*

MEESE, R., and ROGOFF, K., 1988, "Was it real? The exchange rate - interest differential relation over the modern floating - rate period in *Journal Of Finance.*

MELITZ, J., 1988, Monetary Discipline and Cooperation in the European Monetary System.

MICCO, A., STEIN, E and Ordonez, G., 2003, the currency effect on trade; Early Evidence from European monetary Union, Center for Economic Policy Research.

MILL, ST. John, 1848, Principal of Economics.

MILLER, M. and WELLER, P., 1991, "Currency bands, Target zones and price flexibility in *IMF Staff Paper.*

MILLER, M., EICHENGREEN, B. and PORTES, R. Blueprints for Exchange rate Management, London in *Academic Press*

MOKYR, J., 2012, The enlightened Economy. An economic history of Great Britain 1700 – 1850.

MONACELLI, Tommasso, 2005, Monetary policy in a law pass-through environment in *Journal of money credit and banking, 6, p1047-1066*

MONGELLI, F. P., 2002, "New views on the Optimum currency Area Theory: what is EMU telling us in *European Central Bank working paper n° 138.*

MONTIEL, P. I., 1992, Real Exchange rate targeting under capital controls in IMF Staff Paper.

MUNDELL, R., 1961, The theory of the optimum currency area in *American Economic Review 53, p637-665.*

MUNDELL, Robert, 1997, Optimum currency Area.

MUSUNGAIE, André, 2010, " L'intégration monétaire en Afrique : particularité et rationalité économique.

MYRDAL, G., 1968, "Asian Drama: An inquiry into the poverty of nations.

NGUESSAN, Tchétché, 1996, Gouvernance et politique monétaire : A qui profitent les banques centrales de la zone CFA ? édit. L'Harmattan.

NOREL, Ph., 1990, Les banques face aux pays endettés, Edit. syros

NOREL, Ph., 1997, Problèmes du développement économique. Édit. Seuil.

NURKSE, R., 1944, "L'expérience monétaire international : les leçons de l'entre-deux- guerres, Société des Nations, Genève.

NURKSE, Ragnar, 1953, Problems of capital formation in underdeveloped countries in *Oxford University Press.*

OBSTFELD, M., ROGOFF, K., 1995, "Exchange rate dynamics redux in *Journal of Political Economy 203, p624-660.*

OBSTFELD, M. and ROGOFF, K, 1996, Foundations of International Macroeconomics in *MIT Press*

OBSTFELD. M., and ROGOFF, K., 2002, "Global implications of self-oriented national Monetary rules in *The Quarterly Journal of Economics*

OLSON, Mancur, 1996, Big bills on the sidewalks: why some nations are rich and others are poor? in *Journal of Economic Prospective, 41*

OLSON, Mancur and CASTEL, V., 2015, Country note: An African economic outlook.

PAGANO,Marco, 1993, "Financial market and growth: an overview in *European Economic Review, 37.*

Pappa, E., 2004," Do the ECB and the FED really need to cooperate? Optimal monetary policy in a two country-world in *Journal of monetary Economics, 51 p753-770*

PERSSON, T. and VOGGESLANG, T., 1992, Nonstationary and level shifts with application to Purchasing Power Parity, *in Journal of Business and Economic Statistics*

PERSSON, T, and TABELLINI, 2005, Double edged incentive: institutions and polic coordination in *Handbook of International Economics.*

POLAK, Jacques, 1997, The IMF monetary model in *IMF Working Paper, Washington, D.C.*

PRASAD, Eswar, 2014, "The FED is not to blame for turmoil in Emerging markets in *Financial Time, February 12*

RADCHIFFE, L.W. and WILLET, I. D., 1984, Currency Substitution and instability in the World dollar standard: comment in *American Economic Review*

RADCLIFFE COMMITTEE, 1959, Report on the working of the monetary ststem

RAJAN, Raghuram, 2013, A step in the dark: unconventional monetary policy after the Crisis, lecture at the Bank of International Settlement

REINHART, C. and ROGOFF, K. S., 2002, The modern history of exchange rate Arrangements, a reinterpretation *in NBER Working Paper*

RICARDO, David, 1817, on the principles of Political Economy and taxation, London.

ROSENSTEIN – RODAN, P., 1943, Problems of industrialization of Eastern and South Eastern Europe in *Economic Journal.*

RODRIK, Dani and SUBRAMANIAN, 2014, Emerging markets, Victimhood Narrative, Bloomberg.

ROGERS, John, H., 1995, "Real Shocks and Real Exchange Rate in really long-term Data, Princeton University

ROGOFF, K., 1985, "Can International monetary coordination be counterproductive? in *Journal of International Economics.*

ROGOFF, K., 1992, Traded goods, Consumption smoothing and the random walk.

ROGOFF, K., 1995, The purchasing power parity puzzle in *Journal of Economic Literature.*

ROMER, P., 1986, Increasing returns and long run growth in *Journal of Political Economy.*

Rostow, w. w., 1960, The stages of Economic growth.

RUEF, J., le lancinant problème de la balance des paiements, édit. Payot

RUEFF, J., A dollar-reserve system as a transitional solution in *Princeton University Press.*

RUEFF, J., 1991, "the West is risking a credit collapse in Fortune

SACHS, J., 1985, "Is there a case for more Managed Exchange Rates?" Federal Reserve Bank of Kansas City.

SALA – I – MARTIN, Xavier, 2004, 15 years of New Growth Economics: what have we learned?

SAMUELSON, P. A., 1964, Theoretical problems on trade problems in Review *of Economics and Statistics", vol.46.*

SAMUELSON, P. A., and SOLOW, R., 1954, Balanced growth under constant returns to scale in *Econometrica.*

SACHS, J.D, Developing country debt and the world Economy in *University of Chicago Press.*

SAVVIDES, A., 1993, "Real exchange rate variability and the choice of exchange rate regime by developing countries in *Journal of International money and Finance, vol.9*

SCHALCK, Christopher, 2006, "Stabilisation budgétaire dans l'UEM/ proposition d'un mécanisme automatique in *Review d'Economie Politique, vol.116*

SCHIFFER, J., 1981, The changing Post-war pattern of development: An accumulated Wisdom of Samir Amin in *World Economic Development.*

SCHUBERT, K., 1996, Macroéconomie : comportement et croissance, éditions Vuibert.

SCITOVSKY, T, 1978, Economic theory and Western European Integration.

SCOOT, Maurice, 1992, A new theory of endogenous Economic Growth in *Oxford Review of Economic Policy*

SIDRAUSKI, Miguel, 1966," Inflation and Economic Growth in *Journal of Political Economy*

SIMS, Christopher, 2001, Fiscal consequences for Mexico of adopting the dollar in *Journal of Money, credit, and banking; vol.33, p597-616*

SINGLETON, J. 2011, Central banking in the twentieth- century in *Cambridge University Press*

SKUDENLY, F, 2003, Exchange-rate uncertainty and Trade: a survey.

SCHUMPETER, Joseph, The business cycles, 1939.

SMITH, Adam, 1776, The Wealth of nations.

SOHMEN, E, 1969, Flexible Exchange Rates: Theory and controversy in *Chicago University Press.*

SOLOMON, R., 1982, "The International Monetary System, Harper and Row.

SOLOW, Robert, 1974, The economics of resources or the resources of economics.

SOLOW Robert, 1956, A contribution to the Theory of Economic Growth

SOHMEN,E., 1961, Flexible Exchange Rate in *University of Chicago Press*

SOHMEN, E., 1967," Fiscal and Monetary Policies under flexible Exchange Rate Systems in *Quarterly Journal of Economics.*

STIGLITZ, J., 1974, Growth with exhaustible natural resources.

STIGLITZ, J .and WEISS, Andrew, 1981, "credit rationing in markets s with imperfect information in *American Economic Review*

SVENSON, Lars E., 1998, Open-economy inflation targeting, in CEPR Discussion paper.

SWOBODA, A., 1983, Exchange Rates Regimes and US – European Policy Interdependence, IMF staff paper

SWOBODA, A., 1976, Monetary Policy Under fixed Exchange Rate: Effectiveness, the Speed of Adjustment and proper use.

TAVLAS, G.S., 1994 "The theory of Monetary Integration in *Open Economic Review*

TAVLAS, George. S. and DELLA S Harris, 2009, "An optimum-currency –area odyssey".

TAVLAS; George,S., 2009, Optimum – Curreny Area paradoxes in *Review of International Economics*

TAYLOR, John, 1993, discretion versus policy rules in practice.

TAYLOR, John, 2013, International monetary coordination and the great deviation in *Journal of Policy Modeling, vol.39, p.463-472*

TAYLOR, Lance, 1983, Structuralist Macroeconomics

TAYLOR, John, 2013, International monetary coordination: Past, Present and future, Paper at the annual meeting of the Bank of International Settlements

TCHUNDJANG, Joseph, 1975, " A la recherche du temps perdu dans les relations économiques internationales.

TCHUNDJANG, Joseph, 1980, Monnaie, servitude et liberté : la répression monétaire de l'Afrique, édit. J.A.

TEMIN, P., 1989, Lessons from the great depression in *Harvard University Press.*

THOMAS, Vinod; WANG, Y., KISHER; N., 2000, the quality of growth in *Oxford University Press*

THOMAS, Vinod, 1991, Challenge of development in *World Development.*

THORSTEIN, Veblen, 1899, Why is Economics not an evolutionary Science?

TILLE, Cedric, 2001,The role of consumption substitutability in the international transmission of shocks in *Journal of International Economics, 53,p421-444*

TOBIN, James, 1978, A proposal for international monetary reform in *Eastern Economic Journal, vol. 3, n° 3-4*

TONIOLO, G., 2005, Central bank cooperation at the Bank for International Settlements

TOWER, E. and WILLETT, T., 1976, The theory of optimum currency areas and Exchange rate flexibility: A more general framework in *Special Papers in International Economics, 11, Princeton University.*

TRIFFIN, R, 1960, Gold and dollar crisis in *Yale University Press*

TSANGARIDES, C. G., and QURESHI, M., Monetary membership in West Africa: A Cluster analysis in *World Development, vol.36.*

TULLIO, G., and WOLTERS, J., 1996, Was London the conductor of the International Orchestra, the second violinist, or the triangle player? in *Scottish Journal of political Economy, 43, p419-443.*

VAN BEERS, N., BIJLSMA, M., and ZWART, G., 2014, Cross-country mechanisms in currency unions: an empirical assessment.

VAUBEL, R., 1977, Free currency competitive Supply of Money

VAUBEL, R., 1983, Coordination or competition among National Macro-economic Policies?

VERNON, R., 1966, International investment and International trade in the product Cycle in *Quarterly Journal of Economics "vol.80*

WALSH, Carl, 1995, Optimal contracts for central bankers in, *American Economic Review.*

WANG, J., MASHA, I., SHIRONO, K. and HARRIS, L., 2007, The common Monetary Area in Southern Africa: Shocks, Adjustment, and Policy Challenges, IMF Working Paper".

WEIL, G., 1987, The pegging practices of less developed countries: A look at recent Behavior in *Eastern Economic Journal, p49-53.*

WEIL, David, VERNON, Henderson, and ADAM Stireygard, 2011, A bright idea for measuring economic growth, *American Economic Review, vol. 101, n° 3* may, Pp194-199.

WILLIAMSON, J., 1977, The failure of world monetary reform, 1971-1974.

Williamson, J. and Miller, M., 1987, Targets and indicators for the international coordination of Economic policy in *Policy analysis in International Economics, n° 22*

WILLIAMSON, J, 1994, Estimating Equilibrium Exchange Rates, Washington, DC, Institute for International Economics

YAMAY, S. Basil, 1957, The Economic Progress of the under-developed countries in *Cambridge University Press.*

ZHENG, Liu and EVI, Pappa, 2005, Gains from international monetary policy coordination: Does it pay to be different?

ZHAO, Ziaodan and KIM, Y., 2009, Is the CFA franc zone an optimum currency Area?" in *World Development.*

# TABLE DES MATIÈRES

## PARTIE DEUXIEME

## ZONES MONETAIRES ET DEVELOPPEMENT ECONOMIQUE EN AFRIQUE

## Structures éditoriales du groupe L'Harmattan


**L'Harmattan Italie**
Via degli Artisti, 15
10124 Torino
harmattan.italia@gmail.com

**L'Harmattan Hongrie**
Kossuth l. u. 14-16.
1053 Budapest
harmattan@harmattan.hu

---

**L'Harmattan Sénégal**
10 VDN en face Mermoz
BP 45034 Dakar-Fann
senharmattan@gmail.com

**L'Harmattan Cameroun**
TSINGA/FECAFOOT
BP 11486 Yaoundé
inkoukam@gmail.com

**L'Harmattan Burkina Faso**
Achille Somé – tengnule@hotmail.fr

**L'Harmattan Guinée**
Almamya, rue KA 028 OKB Agency
BP 3470 Conakry
harmattanguinee@yahoo.fr

**L'Harmattan RDC**
185, avenue Nyangwe
Commune de Lingwala – Kinshasa
matangilamusadila@yahoo.fr

**L'Harmattan Congo**
67, boulevard Denis-Sassou-N'Guesso
BP 2874 Brazzaville
harmattan.congo@yahoo.fr

**L'Harmattan Mali**
Sirakoro-Meguetana V31
Bamako
syllaka@yahoo.fr

**L'Harmattan Togo**
Djidjole – Lomé
Maison Amela
face EPP BATOME
ddamela@aol.com

**L'Harmattan Côte d'Ivoire**
Résidence Karl – Cité des Arts
Abidjan-Cocody
03 BP 1588 Abidjan
espace_harmattan.ci@hotmail.fr

**L'Harmattan Algérie**
22, rue Moulay-Mohamed
31000 Oran
info2@harmattan-algerie.com

**L'Harmattan Maroc**
5, rue Ferrane-Kouicha, Talaâ-Elkbira
Chrableyine, Fès-Médine
30000 Fès
harmattan.maroc@gmail.com


---

## Nos librairies en France


**Librairie internationale**
16, rue des Écoles – 75005 Paris
librairie.internationale@harmattan.fr
01 40 46 79 11
www.librairieharmattan.com

**Librairie l'Espace Harmattan**
21 bis, rue des Écoles – 75005 paris
librairie.espace@harmattan.fr
01 43 29 49 42

**Lib. sciences humaines & histoire**
21, rue des Écoles – 75005 paris
librairie.sh@harmattan.fr
01 46 34 13 71
www.librairieharmattansh.com

**Lib. Méditerranée & Moyen-Orient**
7, rue des Carmes – 75005 Paris
librairie.mediterranee@harmattan.fr
01 43 29 71 15

**Librairie Le Lucernaire**
53, rue Notre-Dame-des-Champs – 75006 Paris
librairie@lucernaire.fr
01 42 22 67 13

www.ingramcontent.com/pod-product-compliance
Lightning Source LLC
LaVergne TN
LVHW011315061026
849535LV00005B/1573